U0659011

『九二共识』历史存证

海峡两岸关系协会 编

九州出版社 JIUZHOUPRESS 全国百佳图书出版单位

图书在版编目(CIP)数据

"九二共识"历史存证／海峡两岸关系协会编. —
2版. —北京:九州出版社,2021.4 (2022.8重印)

ISBN 978-7-5225-0003-4

Ⅰ.①九… Ⅱ.①海… Ⅲ.①台湾问题—史料 Ⅳ.
①D618

中国版本图书馆 CIP 数据核字(2021)第 052781 号

"九二共识"历史存证

作　　者　海峡两岸关系协会　编

责任编辑　毛俊宁

出版发行　九州出版社

地　　址　北京市西城区阜外大街甲 35 号(100037)

发行电话　(010)68992190/3/5/6

网　　址　www.jiuzhoupress.com

电子信箱　jiuzhou@jiuzhoupress.com

印　　刷　三河市兴博印务有限公司

开　　本　880 毫米×1230 毫米　　32 开

印　　张　4.5

字　　数　72 千字

版　　次　2005 年 6 月第 1 版　2021 年 6 月第 2 版

印　　次　2022 年 8 月第 4 次印刷

书　　号　ISBN 978-7-5225-0003-4

定　　价　42.00 元

前　　言

2005 年 1 月 3 日，台湾海峡交流基金会董事长辜振甫与世长辞，海峡两岸关系协会会长汪道涵深情哀悼。汪会长在唁函中以"汪辜会谈，两度执手；九二共识，一生然诺"给予辜先生高度评价，同时也揭示出两岸协商与对话的生动历程。人们在缅怀两次汪辜会谈对改善两岸关系所做的贡献时，更应严肃思考怎样对待汪辜会谈的重要基础——"九二共识"。

1992 年 11 月，两岸受权民间团体——海协和台湾海基会在事务性商谈中，各自以口头方式表述"海峡两岸均坚持一个中国原则"的共识。这个共识是在双方表明坚持一个中国原则态度的基础上，照顾各方利益，搁置对一个中国原则政治含义的争议，以灵活的方式求同存异而达成的，体现了两岸中国人的政治智慧，确立了两岸商谈必需的政治基础，成为两岸谈判进程中一个重要的里程碑。

辜老鹤驾西去，对"九二共识"而言，是彰显而非终结。由于台湾当局迟迟不愿承认体现坚持一个中国原则的"九二共识",不断推动"台独"分裂活动,两岸的对话与商谈始终难以恢复。但是,正如汪道涵会长在悼念辜先生的唁函中所指出的那样:"两岸之道,唯和与合,势之所趋,事之必至。期我同胞,终能秉持"九二共识"与汪辜会谈之谛,续写协商与对话新页。"为此,我们将"九二共识"的相关文献资料汇编成册,以事实还原历史真相,昭示两岸谈判陷入僵局的真正症结,供两岸同胞和国际社会辨析。

目　录

一　何谓"九二共识"

二　达成"九二共识"的过程

三 "九二共识" 的历史地位

一

何谓"九二共识"

.

为历史留下公正的注脚

——1992 年两会达成共识始末

1992 年 11 月，海峡两岸关系协会与台湾的海峡交流基金会就解决两会事务性商谈中如何表明坚持一个中国原则的态度问题，找到了解决办法。两会达成了各自以口头方式表述"海峡两岸均坚持一个中国原则"的共识，但是，台湾方面这些年来把两会的共识说成了"一个中国、各自表述"。历史是不可更改的。共识究竟是什么？历史的真实又是什么？回顾这段历史，真相即可大白。

事务性商谈中表明
坚持一个中国原则态度问题的提出

1987 年底，长达 30 多年的两岸隔绝状态被打破后，两岸人员往来和经济、文化等各项交流随之发展起来，同时也衍生出种种问题。在这种情况下，台湾当局不得不调整"不接触、不妥协、不谈判"的"三不政策"，成立得到官方授权的与大陆方面联系与协商的民间性中介机构，出面处理自己"不便与不能出面的两岸事务"。1990年11月21日，体现这一意图的海基会成立，1991年3月9日开始运作。海基会成立时，自我规定以"中国的、善意的、服务的"为宗旨。为了发展两岸关系，尤其是逐步推进两岸谈判，并且注意到海基会的上述态度，大陆方面在确定以适当方式与海基会接触、商谈时，就认为两会商谈应有一个共同的基础，使之在一个健康的轨道上进行。

1991年4月28日，海基会副董事长兼秘书长陈长文率团来北京访问。4月29日，国台办副主任唐树备在会见陈长文时，受权提出了处理海峡两岸交往中的具体问题应遵循的五条原则，其中第二条是："在处理海峡两岸交往事务中，应坚持一个中国原则，反对任何形式的'两个中国'、'一中一台'，也反对'一国两府'以及其他类似的主张和行为。"11月3日至7日，陈长文再次率团来北京，就合作打击台湾海峡海上走私、抢劫犯罪活动问题进行程序性商谈。商谈中，唐树备再次提出希望海基会表明坚持一个中国原则的态度，争取双方达成共识。双方首次讨论了在事务性商谈中坚持一个中国原则的问题，但未能达成共识。此后，台"陆委会"一再强调台湾方面对一个中国涵义的理解与大陆方面不同，而表达对一个中国的态度是政策性的问题，与事务性商谈无关，海基会在事务性商谈中不得谈这个问题。

为便于与海基会接触、商谈，中共中央台办、国务院台办推动成立海峡两岸关系协会。1991年12月16日，海协成立，开始与海基会接触、商谈。海协根据国台办授权，继续以坚持一个中国原则作为两会交往和事务性商谈的基础。

1992年3月23日至26日，两会在北京就"海峡两岸公证书使用"和"开办海峡两岸挂号函件查询、补偿"问题进行第一次工作性商谈。商谈期间，海基会人员按台"陆委会"的要求，一再表示"没有受权谈一个中国问题"。同时，他们在商谈中提出的主张，则明显违反了一个中国的原则。例如，在解决两岸公证书使用问题中，海基会起初用比照国家间驻外使领馆认证的做法来处理大陆公证书在台湾的使用；在解决开办两岸挂号函件业务问题中，援引国家间通邮的做法。实践再次说明，在商谈中确立坚持一个中国原则的共识是必要的，而如何达成这一共识的方式是可以讨论的。

针对台湾当局的曲解和部分台湾同胞的疑虑，商谈结束后，海协于3月30日召开记者招待会，海协常务副会长唐树备就在事务性商谈中应表明坚持一个中国原则的态度问题，作了进一步的阐述。唐树备指出：首先，商谈要反映现实，一个中国是客观事实。处理两岸交往中的事务性问题，在指导思想上要明确这是什么性质的事务，是中国内部的事务呢？还是两个国家之间的事务？本来，在一个国家内，文书使用、挂号函件查询等不需要有特别的协议，但基于没有统一的客观现实，需要采取某些特殊的做法。这种特殊的做法，当然不应同国与国之间的做法混淆起来，因此有必要明确海峡两岸交往中的事务性问题是中国人的内部事务。只有坚持一个中国的原则，并考虑到两岸存在不同制度的现实，才能实事求是、合情合理地处理海峡两岸交往中的各种具体问题，真正维护两岸同胞的正当权益。第二，本来双方对坚持一个中国的原则没有分歧，这见之于中共领导人的谈话，见之于中国国民党领导人的谈话，见之于台湾当局公布的有关统一的文件。明明双方都认为是"一个中国"，偏偏台湾当局某些主管大陆事务的官员，不同意双方提一个中国，不同意双方本着一个中国原则处理两岸交往中的问题。第三，我们提出在事务性商谈中坚持一个中国原则，只是要双方表明坚持一个中国原则的态度，并不是要与海基会讨论"一个中国"的涵义。至于如何表述坚持一个中国原则态度的方式，双方可以协商。唐树备的这一谈话明确说明，海协坚持要求海基会表明坚持一个中国原则的态度，没有要求两会就一个中国的涵义进行讨论并达成共识，而且考虑到双方很难形成共同的文字表述并写进协议，因此在表述方式上，预留了包括口头表述的空间，并将这一信息传达给了台湾方面。此后，海协将自己的态度概括为：海峡两岸交往中的具体问题是中国的内部事务，应本着一个中国原则协商解决；在事务性商谈中，只要表明坚持一个中国原则的基本态度，可以不讨论一个中国的政治涵义；表述的方式可以充分协商，并愿意听取海基会和台湾各界的意见。这种态度始终贯穿在海协解决这一问题的全过程中。

台湾当局被迫表示了"海峡两岸均坚持一个中国之原则"的态度

海协上述合理的主张引起台湾同胞的关注，也使得台湾当局无法回避这个问题。在台湾当局内部，出现了是否在事务性商谈中应表明一个中国原则态度的意见争论。从1992年4月起，台湾当局的"国家统一委员会"开始研究应对办法，引发了一场有各方人士参与的大讨论。据当时台湾媒体报道，台陆委会及"国统会"研究委员中的一些人不同意、不允许海基会在两会事务性商谈中表明一个中国原则。他们认为，1971年台湾当局的代表被逐出联合国后，国际社会讲的"中国"，是指中华人民共和国，如果在两岸事务性商谈与协议中达成坚持一个中国原则的共识，将造成默认台湾是中华人民共和国的一部分、中共是中国唯一合法政府的影响，将对台湾拓展"国际生存空间"非常不利，也不能满足制造"两个对等政治实体"的需要。但海基会负责人和台一些高层政要认为"不宜回避"一个中国原则，应"坚持一个中国的立场"，并认为"坚持一个中国的立场，并不妨碍我务实外交的开展"，并"可在国际间形成中国问题未获解决的共识"。经过长达三个多月的讨论，8月1日，台"国统会"就海基会与海协商谈事务性协议时有关"一个中国"涵义问题作出"结论"，内称："海峡两岸均坚持一个中国之原则，但双方所赋予之涵义有所不同"；"1949年以后，中国处于暂时分裂的状态，由两个政治实体分治海峡两岸"；"台湾固为中国之一部分，但大陆亦为中国之一部分"。这份"结论"表明，台湾当局鼓吹"两岸分裂分治""两个对等政治实体"，但也不得不表示"海峡两岸均坚持一个中国之原则"，而且承认台湾是中国领土的一部分。8 月 27 日，海协负责人经过批准发表谈话，指出这份"结论"确认"海峡两岸均坚持一个中国之原则"，"明确这一点，对海峡两岸事务性商谈具有十分重要的意义，它表明，在事务性商谈中应坚持一个中国原则已成为海峡两岸的共识"；同时，针对台"国统会""结论"中祖国大陆方面不同意的内容，海协负责人也明确表示："我会不同意台湾有关方面对'一个中国'涵义的理解。我们主张'和平统一、一国两制'，反对'两个中国'、'一中一台'、'两个对等政治实体'的立场是一贯的"。据笔者了解，这时，国台办和海协内部已考虑采取同时各自发表信守一个中国原则声明的方式来体现双方达成的共识，但各自发表的共识不能是各说各话，而是双方都能接受的。因此，海协主张要经过双方商谈，使各自的声明能为对方所接受。

同年 9 月，两会秘书长在厦门会面，就一个中国原则的表述问题非正式交换意见。海协秘书长邹哲开对海基会秘书长陈荣杰和法律服务处处长许惠祐表示，"台湾方面关于一个中国原则的结论，说明双方在事务性商谈中坚持一个中国原则已有共识。但我们不同意台有关方面对一个中国内涵的解释，也不可能与海基会讨论关于一个中国的内涵"，建议海基会认真考虑迳直引用"海峡两岸均坚持一个中国原则"的表述。

两会就各自以口头方式表述海峡两岸均坚持一个中国原则达成共识

1992年10月28日至30日，海协与海基会在香港就"两岸公证书使用"问题继续进行处长级工作性商谈。商谈中，海协代表提出关于表述海峡两岸均坚持一个中国原则的五种文字方案，海基会代表也先后提出五种文字表述方案和三种口头表述方案，其中第八案的表述是："在海峡两岸共同努力谋求国家统一的过程中，双方虽均坚持一个中国的原则，但对于一个中国的涵义，认知各有不同。"海基会代表称此案为台方底案，并建议"以口头声明方式各自表述"。

香港商谈结束后，11月1日，海基会代表发表书面声明表示，有关事务性商谈中一个中国原则的表述，"建议在彼此可以接受的范围内，各自以口头方式说明立场"。海协研究了海基会的第八案，认为这个方案表明了海基会谋求统一、坚持一个中国原则的态度，虽然提出对一个中国涵义的"认知各有不同"，而海协历来主张的"在事务性商谈中只要表明坚持一个中国原则的态度，不讨论一个中国的政治涵义"，因此，可以考虑与海基会以上述各自口头表述的内容表达坚持一个中国原则的态度。海协希望海基会能够确认这是台湾方面的正式意见。3日，海基会致函海协，表示已征得台湾有关方面的同意，"以口头声明方式各自表达"。同日，海协副秘书长孙亚夫打电话给海基会秘书长陈荣杰，在这次香港工作性商谈中，"贵会建议采用贵我两会各自口头声明的方式表述一个中国原则。我们经研究后，尊重并接受贵会的建议"，并再次建议"就口头声明的具体内容，进行协商"。11月16日，海协致函海基会，表示同意以各自口头表述的方式表明坚持一个中国原则的态度，并告之海协的口头表述要点："海峡两岸都坚持一个中国的原则，努力谋求国家统一。但在海峡两岸事务性商谈中，不涉及一个中国的政治涵义。"海协还以附件的方式，将海基会在香港提出的上述第八方案附在这封函中。此后，海基会从未否认海协11月16日去函中附去的海基会在香港商谈中提出的第八案。

由上可见，海协与海基会就在事务性商谈中各自以口头方式表述"海峡两岸均坚持一个中国之原则"达成共识，是以两会各自提出、分别交给对方的上述两段具体表述内容为基础的，而不是不加约束的、单方面随意性的各说各话。对照两会的具体表述内容，海协和海基会各自向对方明确承诺坚持一个中国原则，追求国家统一；至于对一个中国的涵义，海基会说"认知各有不同"，海协说"在事务性商谈中不涉及一个中国的政治涵义"。这充分说明，两会从未就一个中国政治涵义进行过讨论，更谈不上就一个中国的政治内涵"各自表述"达成共识。换言之，双方以各自表述的方式表明坚持一个中国原则的态度是共识，而对一个中国的内涵，双方既未讨论，根本没有共识。

台湾当局蓄意歪曲两会共识
意在塞进分裂主张

两会就在事务性商谈中达成各自以口头方式表述"海峡两岸均坚持一个中国原则"的共识后，虽然当时有些台湾媒体将这件事不正确地概括为"一个中国、各自表述"，但海基会却对此采取低调和回避的态度。因为他们向海协表示了"谋求国家统一"和"海峡两岸均坚持一个中国原则"的态度，这是记录在案的事实。

但是，随着李登辉逐步摆脱一个中国原则、制造"两个中国"分裂活动的加剧，台湾方面开始歪曲两会共识。从 1993 年底开始,海基会领导人和陆委会负责人公然在媒体上将两会共识歪曲为"就搁置一个中国原则达成共识","意味着双方搁置了中国主权问题的争议"。1995 年 6 月李登辉以所谓私人名义访美后,大陆方面展开了反分裂反"台独"斗争,要求台湾当局停止制造"两个中国"、"一中一台"的活动,回到一个中国原则的立场上来。美国政府重申坚持一个中国政策,并声明对台"三不支持"。这时,台湾当局尚不敢公然地完全地放弃一个中国原则,只能借助于歪曲两会共识,谎称两会达成过"一个中国、各自表述"的共识,甚至说成是"一个中国涵义、各自表述",为李登辉制造"两个中国"的分裂活动辩护。对此,海协负责人多次驳斥道:"近一个时期,台湾当局为替自己的分裂立场辩护,公然将海协与海基会 1992 年达成的在两会事务性商谈中'海峡两岸均坚持一个中国原则'的口头共识歪曲为'一个中国、各自表述',并把一个中国表述为历史的中国,而现在是'阶段性两个中国'。这与两会当时达成的口头共识根本是背道而驰的。""台湾当局已不是在遵循一个中国原则,而是搞'两个中国'。这已不是台方所说的'一个中国、各自表述'的问题了。真正的问题是台湾当局必须以实际行动表明站在一个中国原则的立场上。"

今年 7 月 9 日李登辉公然抛出"两国论",受到海内外所有中国人的坚决反对和同声谴责,国际社会普遍重申坚持一个中国政策。四面碰壁之际,台湾当局祭出"一个中国、各自表述"的说法,为李登辉的"两国论"狡辩。8 月 1 日,台陆委会发表的"对特殊国与国关系论书面说明",在坚持不收回"两国论"的前提下,进一步把两会共识歪曲为海协同意"双方自此就一个中国可以各说各话",歪曲为"该项共识适用于国际关系",似乎只要自编自唱"一个中国、各自表述",连主张"两国论"也是可以的了。这样做,充其量不过是一种"挂羊头卖狗肉"的拙劣表演,是欺骗台湾人民和国际社会的一种骗术。

还需要指出的是,在李登辉"两国论"的基调下,台湾当局今天要求"各自表述"的"一个中国",与 1992 年台湾当局和海基会所认知的一个中国存在着本质的不同。当年,作为海基会表述基础的台"国统会"的"结论"虽然还坚持所谓"中华民国"的旗号和"主权",但它毕竟表明了"海峡两岸均坚持一个中国原则",还承认"台湾固为中国之一部分,但大陆亦为中国之一部分"。这从一个侧面说明了当时台湾当局承认了一个中国、台湾是中国的一部分、中国的主权和领土完整没有分割。而今天，李登辉公然提出"两国论"，已从根本上背弃了一个中国，破坏了两岸接触、对话、谈判的基础。显然，台湾当局的所谓"一个中国、各自表述"，并不是真有诚意回到 1992 年的两会共识，而是企图把李登辉"两国论"的分裂立场强加于两会的共识。

历史是无情的镜子，对历史的歪曲必然会在历史的照妖镜面前现出原形。1992 年 11 月两会共识已写入历史，不可能因为台湾当局的谎言而被改变。海协坚决反对台湾当局把两会共识歪曲为"一个中国、各自表述"。台湾当局只有放弃李登辉的"两国论"，真正回到一个中国的立场上来，真正回到两会达成的"海峡两岸均坚持一个中国原则"的共识上来，海协才可能与海基会继续进行包括政治、经济内容在内的广泛对话，进行两岸政治谈判的程序性商谈。

作者：刘墨　肖之光

（《两岸关系》杂志 1999 年第 9 期）

"九二共识"的历史真相

当前，海峡两岸对话与谈判问题再次成为两岸同胞关注的焦点。在 1 月 24 日钱其琛副总理深入阐述"九二共识"对于重开海协与台湾海基会对话、打破政治僵局的重要意义后，台湾当局领导人依然坚持否定和歪曲"九二共识"的态度。1992 年 11 月，两会就解决事务性商谈中如何表明坚持一个中国原则的态度问题，找到了解决办法，达成了各自以口头方式表述"海峡两岸均坚持一个中国原则"的共识。为维护两会商谈的基础，揭示两岸谈判的意义，澄清台湾当局对"九二共识"的歪曲和诬蔑，有必要向台湾同胞和国际社会再次阐明"九二共识"的形成过程和有关内容。

祖国大陆方面一贯主张通过和平谈判解决双方分歧，实现祖国统一。自 1987 年底两岸同胞隔绝状态被打破以来，随着两岸经贸交往、人员往来和各项交流蓬勃发展，两岸同胞交往日益密切。面对两岸交往中衍生的具体问题，台湾当局不得不调整"不接触、不妥协、不谈判"

的"三不政策"。成立海峡交流基金会，就事务性问题与祖国大陆方面进行接触商谈。鉴于台湾当局的有关文件中明确表示坚持一个中国原则、追求国家统一，鉴于海基会以"中国的、善意的、服务的"为建会宗旨，祖国大陆方面为促进两岸交流、维护两岸同胞的正当权益、改善和发展两岸关系，同意进行事务性商谈，并于1991年12月16日成立海峡两岸关系协会。

海峡两岸事务性商谈伊始，海协基于两岸交往中的具体问题是中国内部事务的客观现实，提出在商谈和协议中必须坚持一个中国原则；只要表明坚持一个中国的基本态度，可以不讨论一个中国的政治涵义；表述的方式可以充分协商。

1992年8月1日，台湾当局的"国家统一委员会"就两会商谈事务性协议时有关"一个中国"涵义问题作出"结论"，内称："海峡两岸均坚持一个中国之原则，但双方所赋予之涵义有所不同"；"台湾固为中国之一部分，但大陆亦为中国之一部分"；台湾当局"已制订国统纲领，开展统一步伐"。这份"结论"表明了台湾当局承认台湾是中国领土的一部分和"海峡两岸均坚持一个中国原则"、追求统一的立场。为进一步表明海协的态度，为两会达成具体表述创造条件，8月27日，海协负责人发表谈话，指出这份"结论"确认"海峡两岸均坚持一个中国之原则"，"明确这一点，对海峡两岸事务性商谈具有十分重要的意义，它表明，在事务性商谈中应坚持一个中国原则已成为海峡两岸的共识"；同时，针对这份"结论"中祖国大陆方面不同意的内容，海协负责人也明确表示："我会不同意台湾有关方面对'一个中国'涵义的理解。我们主张'和平统一、一国两制'，反对'两个中国''一中一台''两个对等政治实体'的立场是一贯的。"

1992 年 10 月 28 日至 30 日，海协与海基会在香港就"两岸公证书使用"问题继续进行工作性商谈。对于如何在协议文本中表述坚持一个中国原则的意见，双方各自提出 5 种文字方案，但未形成一致的意见。随后，海基会代表"建议在彼此可以接受的范围内，各自以口头方式说明立场"，并又提出 3 种口头表述方案，其中第八案的表述内容是："在海峡两岸共同努力谋求国家统一的过程中，双方虽均坚持一个中国的原则，但对于一个中国的涵义，认知各有不同。"这一口头表述内容，由海基会代表逐字逐句念出，请海协代表现场记录下来。

海协研究了海基会的第八案，认为这个方案表明了台湾当局和海基会谋求统一、坚持一个中国原则的态度，虽然提出对"一个中国"的涵义"认知各有不同",但没有出现具体涉及"一个中国"政治涵义的文字,而海协历来主张"在事务性商谈中只要表明坚持一个中国原则的态度,不讨论一个中国的政治涵义"。在得到海基会11月3日来函作出"已征得主管机关同意,以口头声明方式各自表达"的正式答复后,11月16日,海协致函海基会,表示同意以各自口头表述的方式表明坚持一个中国原则的态度,并提出海协的口头表述要点为"海峡两岸都坚持一个中国的原则,努力谋求国家统一。但在海峡两岸事务性商谈中,不涉及一个中国的政治涵义。"海协还以附件的方式,将海基会的第八方案附在函中。12月3日,海基会回函对此不表异议。至此,双方达成了各自以口头方式表述"海峡两岸均坚持一个中国原则"的共识。1993年8月12日海基会出版的《汪辜会谈纪要》,也记载了海基会在两会同意以各自采用口头方式表述对一个中国原则的态度后,才积极考虑举行汪辜会谈。

两会共识的历史原貌是十分清晰的。在"九二共识"中,双方都表明了"海峡两岸均坚持一个中国原则"和"努力谋求国家统一"的态度;对于"一个中国"的政治涵义,海基会表示"认知不同",海协表示"在事务性商谈中不涉及",做了求同存异的处理。正是在此基础上,两会成功地举行了汪辜会谈，建立了制度化的协商与联系机制，进行了一系列商谈，开启了两岸政治对话，为改善和发展两岸关系发挥了重要作用。

"九二共识"虽然是各自以口头方式表述的共识，但其过程和内容均有明确的文件和文字记录，是任何人、任何政治势力都否定不了、歪曲不了的。我们要求台湾当局领导人明确承认"九二共识"，就是要求他回到"海峡两岸均坚持一个中国原则"的立场上来，求同存异、搁置政治歧见、面向未来、务实谈判。

作者：海协研究部

（《人民日报》海外版2002年4月30日）

海协有关人士讲述
1992年两会达成共识情况

今年 11 月，是海峡两岸关系协会与台湾的海峡交流基金会就坚持一个中国原则问题达成共识 8 周年。记者近日走访了海峡两岸关系协会的有关人士。应记者的请求，这位人士向我们讲述了当年两会达成各自以口头方式表述"海峡两岸均坚持一个中国原则"共识的情况。

海协有关人士回忆说，90 年代初，海峡两岸开始事务性接触商谈后，国务院台办和海协基于两岸交往中的具体问题是中国内部事务的客观现实，提出在商谈或协议中必须坚持一个中国原则；在事务性商谈中，只要表明坚持一个中国原则的基本态度，可以不讨论一个中国的政治涵义；表述的方式可以充分协商。

1992 年 8 月 1 日，台湾当局的"国家统一委员会"就海基会与海协商谈事务性协议时有关一个中国涵义问题作出"结论"，内称，"海峡两岸均坚持一个中国之原则，但双方所赋予之涵义有所不同"；"台湾固为中国之一部分，但大陆亦为中国之一部分"；台湾当局"已制订国统纲领，开展统一步伐"。这份"结论"表明，台湾当局虽然鼓吹"两岸分裂分治"、"两个对等政治实体"，但也明确表示"海峡两岸均坚持一个中国之原则"，而且承认台湾是中国领土的一部分，承认要追求和平统一。

8月27日，海协负责人发表谈话，指出这份"结论"确认"海峡两岸均坚持一个中国之原则"，"明确这一点，对海峡两岸事务性商谈具有十分重要的意义，它表明，在事务性商谈中应坚持一个中国原则已成为海峡两岸的共识"；同时，针对台"国统会"的"结论"中祖国大陆方面不同意的内容，海协负责人也明确表示："我会不同意台湾有关方面对'一个中国'涵义的理解。我们主张'和平统一、一国两制'，反对'两个中国'、'一中一台'、'两个对等政治实体'的立场是一贯的。"

1992年10月28日至30日，海协与海基会在香港就"两岸公证书使用"问题继续进行工作性商谈。双方就如何在协议文本中表述坚持一个中国原则各自提出5种文字方案，但未形成一致的写法。最后，海基会代表"建议在彼此可以接受的范围内，各自以口头方式说明立场"，并又提出3种口头表述方案，其中第八案的表述内容是："在海峡两岸共同努力谋求国家统一的过程中，双方虽均坚持一个中国的原则，但对于一个中国的涵义，认知各有不同。"这一口头表述内容，由海基会代表逐字逐句念出，请海协代表现场记录下来。

海协研究了海基会的第八案，认为这个方案表明了台湾当局和海基会谋求统一、坚持一个中国原则的态度，虽然提出对"一个中国"的涵义"认知各有不同"，但没有具体论述台湾方面的认知，而海协历来主张在事务性商谈中只要表明坚持一个中国原则的态度，不讨论一个中国的政治涵义，因此可以考虑海基会的这一方案，并提出自己表述的方案，作为达成坚持一个中国原则共识的基础。

经过数度函电往来，在得到海基会"已征得主管机关同意，以口头声明方式各自表达"的正式答复后，11月16日，海协致函海基会，指出海基会在10月工作性商谈中就表述坚持一个中国原则的态度"提出了具体表述内容，其中明确了海峡两岸均坚持一个中国的原则"，因此同意以各自口头表述的方式表明坚持一个中国原则的态度，并告之海协的口头表述要点为："海峡两岸都坚持一个中国的原则，努力谋求国家统一。但在海峡两岸事务性商谈中，不涉及一个中国的政治含义。"海协将海基会的口头表述方案附在这份函中，作为双方彼此接受的共识内容。12月3日，海基会回函，对此未表示任何异议。

这位海协人士指出，此后，两会都认为经过协商达成了共识，构成共识的就是上述两段经过协商、相互认可的具体内容。台湾当局新领导人所谓"1992年两会共识没有记录"，完全是昧于事实的诡辩。共识中，两会都表明了"海峡两岸均坚持一个中国的原则"和"努力谋求国家统一"的基本态度。对于一个中国的政治涵义，海基会表示"认知不同"，海协表示"在事务性商谈中不涉及"，做了求同存异的处理。

这位海协人士指出，基于达成1992年两会共识全过程的事实及其结果，海协认为，两会达成各自以口头方式表述"海峡两岸均坚持一个中国原则"的共识。这符合当时的情况。各自以口头方式表述是方法，不是共识内容的本身，共识是海峡两岸均坚持一个中国原则。各自以口头方式表述的分别是海基会的第八案和海协11月16日函中取得共识的表述要点，而不是不加约束的、随意性的各说各话。

1992年两会达成共识的情况充分说明，尽管双方对一个中国政治涵义的看法存在分歧，但并不妨碍双方表明坚持一个中国原则和谋求和平统一的态度，不妨碍承认世界上只有一个中国、大陆和台湾同属于一个中国、中国的主权和领土完整不容分割。正是在两会都表明坚持一个中国原则、同时暂不讨论一个中国政治涵义的基础上，两会成功地举行了汪辜会谈以及此后进行的一系列商谈，并于 1998 年拉开了两岸政治对话的序幕，为改善和密切两岸关系发挥了重要作用。

这位海协人士最后强调指出，今年 5 月 20 日，中共中央台办、国务院台办受权发表声明，提出"当前，只要台湾当局明确承诺不搞'两国论'、承诺坚持 1992 年海协与台湾海基会达成的各自以口头方式表述'海峡两岸均坚持一个中国原则'的共识，我们愿意授权海协与台湾方面授权的团体和人士接触对话"。然而，台湾当局新领导人拒不接受一个中国原则、不承认 1992 年两会共识，致使两会对话难以恢复，两岸关系危机根源难以消除，遭到了大陆方面和绝大多数台湾同胞的一致反对。我们要求台湾当局新领导人明确承认 1992 年两会共识，就是要求其必须回到"海峡两岸均坚持一个中国原则"、"共同努力谋求国家统一"的立场和态度上来；而不能玩弄模棱两可的文字游戏蒙混过关。今天，我们与台湾当局新领导人围绕 1992 年两会共识问题上的斗争，本质上是坚持一个中国原则、还是以"台独"为目标继续蓄意分裂中国的斗争。我们坚持一个中国原则，绝不会动摇。我们要求台湾当局新领导人承认一个中国原则、放弃分裂主张的立场，绝不会改变。台湾当局只有表明坚持一个中国原则、谋求国家统一的态度，两会复谈与两岸关系改善才有稳定发展的基础。

（新华社北京 2000 年 11 月 29 日电）

海协负责人就所谓"九二香港会谈基础"问题发表谈话："九二香港会谈"的基础就是海峡两岸都坚持一个中国原则

陈水扁日前再次声称愿以"九二香港会谈"为基础，重启两岸对话。海峡两岸关系协会负责人今日就所谓"九二香港会谈基础"问题发表谈话。

海协负责人指出，1992年10月底海协与台湾海基会在香港举行第二次工作性商谈。这就是现在人们所说的"九二香港会谈"。这次商谈讨论的重点之一就是在海峡两岸事务性商谈中如何表述坚持一个中国原则态度的问题。坚持一个中国原则是祖国大陆的一贯立场。两岸协商谈判要解决的问题是中国内部事务，因此两岸商谈必须在一个中国原则基础上进行。当时海峡两岸尽管在政治上存在重大分歧，但是双方都坚持一个中国原则。台湾当局的"国家统一纲领"明确宣示"大陆与台湾均是中国的领土，促成国家的统一应是中国人共同的责任"。1992年8月1日台湾"国统会"就海基会与海协商谈并签署协议时有关一个中国涵义问题通过结论，其中表明"海峡两岸均坚持一个中国之原则，但双方所赋予之涵义有所不同"，"台湾固为中国之一部分，但大陆亦为中国之一部分"。海峡两岸均坚持一个中国原则，构成双方开展商谈包括"九二香港会谈"的共同基础。

在1992年的香港会谈中，海协提出在商谈中必须坚持一个中国原则，在事务性商谈中，只要表明坚持一个中国原则的基本态度，可以不涉及一个中国的政治含义，表述的方式可以充分协商，并提出了五个文字表述方案。海基会先后提出了八个表述方案，其中第八个方案是："在海峡两岸共同努力谋求国家统一的过程中，双方虽均坚持一个中国的原则，但对于一个中国的涵义，认知各有不同。"同时海基会建议"各自以口头方式表明立场"。11月3日，海基会发表新闻稿并致函海协表示，对一个中国原则"应有所表述"，"我方将根据'国家统一纲领'和国家统一委员会本年八月一日对于'一个中国'涵义所作决议，加以表达"。11月16日海协致函海基会，告知海协的口头表述要点："海峡两岸都坚持一个中国的原则，努力谋求国家的统一。但在海峡两岸事务性商谈中，不涉及一个中国的政治含义。"同时将海基会在香港会谈中正式提出的第八个表述方案附在这份函中,作为双方彼此接受的共识内容。12月3日,海基会回函,对此未表示异议。这就是1992年香港会谈及其成果的历史过程和实质内容。"九二香港会谈"及此后包括汪辜会谈在内的一系列协商对话的基础,就是体现海峡两岸均坚持一个中国原则的"九二共识"。1992年两会香港会谈历史过程及其成果事实俱在,不容回避,不容歪曲。

这位负责人最后指出,"九二香港会谈"的基础就是双方都坚持一个中国原则,"九二香港会谈"讨论的重点之一是在海峡两岸事务性商谈中如何表述坚持一个中国原则的态度。如果陈水扁明确承认这一基础和事实,抛弃"一边一国"的"台独"分裂主张,两会可以立即恢复对话与谈判,双方什么问题都可以谈。否则,如果陈水扁罔顾和歪曲"九二香港会谈"的历史事实,拒不承认一个中国原则,顽固坚持"台独"分裂立场,只能证明他毫无恢复两岸对话与谈判的善意,与两岸同胞和国际社会的期待背道而驰。

(《人民日报》2004年11月15日)

二

达成"九二共识"的过程

（一）两岸事务性商谈中表述"坚持一个中国原则"问题的提出

我有关方面负责人就台湾当局"国家统一纲领"发表谈话

新华社北京3月15日电 新华社记者近日就台湾当局通过的"国家统一纲领"采访了我有关方面负责人。这位负责人发表了如下谈话：

统一祖国，振兴中华，是全中国人民的崇高愿望和神圣使命。近十多年来，中国共产党坚持以"和平统一、一国两制"的方针，实现祖国完全统一。1979年全国人大常委会发表《告台湾同胞书》以后，中国共产党和国家领导人发表了一系列重要谈话，明确阐述了实现祖国统一的政策主张。实践证明，我党提出的这些方针政策是切合实际、富有远见的，推动了两岸关系朝着有利于国家和平统一的方向发展。现在，台湾当局也制定了这份称为"统一纲领"的文件，这是台湾当局对统一问题作出的一个有意义的表示。这份文件主张只有一个中国，中国应当统一，表示同意要"开放两岸直接通邮、通航、通商"，"推动两岸高层人士互访"，我们对此表示赞赏。

这位负责人说，但是，这个文件仍然提出了一些不合情理的条件，人为地拖延实现直接"三通"及两岸高层人士互访等许多现在就可以做的事情，仍然坚持台湾当局在统一问题上的固有主张，这只能延误统一进程；甚至有的人还总是幻想以台湾的模式"转变大陆"，这显然太缺乏自知之明了。我们希望台湾当局少说空话，多做实事，拆除障碍，切切实实地做一些符合两岸人民利益、有利于两岸关系发展和国家统一的事情。

这位负责人还说，我们一贯主张，实现和平统一后，在一个国家内，海峡两岸实行不同的政治、社会和经济制度，谁也不吃掉谁。从维护一个中国的原则出发，我们坚决反对台湾独立，反对任何导致"两个中国"、"一国两府"的言行。国家统一了，台湾将同我们一起共享中国在国际上的崇高地位和尊严。

这位负责人最后说，中国共产党和中国国民党对祖国统一大业负有不可推卸的历史责任，应当以全中国人民的利益为宗旨，及早进行直接的对等的协商。在协商过程中，可以邀请其他党派有代表性的人士参加，充分听取各团体和各界人士的意见。总之，只有通过商谈，双方本着一个中国的原则，才能消除分歧，达成共识，实现祖国的和平统一。

（《人民日报》1991 年 3 月 16 日）

附：台湾"国家统一纲领"

"国家统一纲领"，是于 1991 年 2 月 23 日"国统会"第 3 次会议通过。"总统"核定的"国家统一纲领"，全文如下：

一、前　言

中国的统一，在谋求国家的富强与民族长远的发展，也是海内外中国人共同的愿望。海峡两岸应在理性、和平、对等、互惠的前提下，经过适当时期的坦诚交流、合作、协商，建立民主、自由、均富的共识，共同重建一个统一的中国。基此认识，特制订本纲领，务期海内外全体中国人同心协力，共图贯彻。

二、目　标

建立民主、自由、均富的中国。

三、原　　则

1. 大陆与台湾均是中国的领土，促成国家的统一，应是中国人共同的责任。

2. 中国的统一，应以全民的福祉为依归，而不是党派之争。

3. 中国的统一，应以发扬中华文化，维护人性尊严，保障基本人权，实践民主法治为宗旨。

4. 中国的统一，其时机与方式，首应尊重台湾地区人民的权益并维护其安全与福祉，在理性、和平、对等、互惠的原则下，分阶段逐步达成。

四、进　　程

1. 近程——交流互惠阶段

（1）以交流促进了解，以互惠化解敌意；在交流中不危及对方的安全与安定，在互惠中不否定对方为政治实体，以建立良性互助关系。

（2）建立两岸交流秩序，制订交流规范，设立中介机构，以维护两岸人民权益；逐步放宽各项限制，扩大两岸民间交流，以促进双方社会繁荣。

（3）在国家统一的目标下，为增进两岸人民福祉，大陆地区应积极推动经济改革，逐步开放舆论，实行民主法治；台湾地区则应加速行政改革，推动国家建设，建立均富社会。

（4）两岸应摒除敌对状态，并在一个中国的原则下，以和平方式解决一切争端，在国际间相互尊重，互不排斥，以利进入互信合作阶段。

2. 中程——互信合作阶段

（1）两岸应建立对等的官方沟通管道。

（2）开放两岸直接通邮、通航、通商、共同开发大陆东南沿海地区，并逐步向其他地区推展，以缩短两岸人民生活差距。

（3）两岸应协力互助，参加国际组织与活动。

（4）推动两岸高层人士互访，以创造协商统一的有利条件。

3. 远程——协商统一阶段

成立两岸统一协商机构，依据两岸人民意愿，秉持政治民主、经济自由、社会公平及军队国家化的原则，共商统一大业，研订行政体制，以建立民主、自由、均富的中国。

中共中央台办负责人受权就海峡两岸关系与和平统一问题提出三点建议（节录）

我们注意到，台湾当局一再声称，中国只有一个，中国必将统一，并采取了一些有利于发展两岸关系的措施。不久前，台湾当局宣布终止"动员戡乱时期"、废止"动员戡乱时期临时条款"。必须指出，"动员戡乱时期"及"临时条款"本来就是非法的，早就应该废除。现在决定终止，仍不失为正视现实、降低敌意之举，应当说是一个进步。但是，台湾当局仍然强调"敌对意识"，这是很不合时宜的；他们还企图谋求海峡两岸互为对等的"政治实体"，幻想"和平转变大陆"，这是根本行不通的。我们希望台湾当局改变反共拒和立场，真正消除敌意，言行一致。多做几件有利于和平统一的实事，而不是口是心非，把统一大业人为地拖下去。

为推动两岸关系的进一步发展，促进祖国和平统一进程，根据中国共产党一贯的政策主张，我受权建议：

（1）由海峡两岸有关部门和受权团体或人士，尽快商谈实现直接"三通"和双向交流的问题，扩大交往，密切联系，繁荣民族经济，造福两岸人民。对于台湾当局有利于直接"三通"和双向交流的主张和措施，我们都予以欢迎。

（2）中国共产党和中国国民党派出代表进行接触，以便创造条件，就正式结束两岸敌对状态、逐步实现和平统一进行谈判。还可以在坚持一个中国原则的前提下，讨论台湾当局关心的其他问题。在商谈中，可以邀请两岸其他政党、团体有代表性的人士参加。

（3）中共中央欢迎国民党中央负责人以及国民党中央授权的人士访问大陆。可以先来看一看，也可以来交换意见。我们都热情欢迎，以礼相待。如果国民党邀请中共代表，我们愿意应邀前往台湾，共商国是。希望国民党对此严肃、认真地考虑。

（《人民日报》1991年6月8日）

唐树备会见陈长文时提出
处理海峡两岸交往中具体问题
应遵循的五项原则

国务院台湾事务办公室副主任唐树备 4 月 29 日上午会见台湾海峡交流基金会秘书长陈长文时提出处理海峡两岸交往中的具体问题应遵循的原则，他指出，两岸应加深了解，建立互信，实事求是、合情合理地处理海峡两岸交往中的各种具体问题，维护海峡两岸同胞的正当权益。

唐树备在会见结束后向记者发表谈话。他说，我们本着一个中国的原则，就如何促进两岸关系，如何处理两岸交流之间的一些具体问题初步谈了一些看法。我向陈先生提出了处理海峡两岸交往中的具体问题应遵循的五项原则。这就是：

台湾是中国领土不可分割的一部分。中国的统一是台湾海峡两岸同胞的共同愿望和神圣使命，两岸同胞都应为促进祖国和平统一而共同奋斗；

在处理海峡两岸交往事务中，应坚持一个中国的原则，反对任何形式的"两个中国"、"一中一台"，也反对"一国两府"以及其他类似的主张和行为；

在坚持一个中国的原则下，考虑海峡两岸存在不同制度的现实，应消除敌意，加深了解，增进共识，建立互信，实事求是、合情合理地处理海峡两岸交往中的各种具体问题，维护海峡两岸同胞的正当权益；

积极促进和扩大两岸同胞的正常往来，尽早实现直接通邮、通航、通商，鼓励和发展海峡两岸经济、文化、体育、科技、学术等各方面的双向交流；

海峡两岸许多团体和人士致力于促进直接"三通"和双向交流，应继续充分发挥他们的积极作用。同时，为解决海峡两岸交往中各个方面的具体问题，应尽早促成海峡两岸有关方面以适当方式直接商谈。

唐树备在回答记者有关问题时说，与陈长文先生第一次交换意见，我们谈话是愉快的，我们在很多方面有共识，比如"一个中国"的问题。我们注意到台湾当局有关统一的文件是承认一个中国的。陈长文先生也提出应当消除敌意，应当扩大两岸交往。我提出的五项原则，希望能得到台湾方面积极的反应。

唐树备还说，所谓海上抢劫问题，我曾建议海峡两岸有关方面直接接触，共同合作，打击这种违法行为，共同维护海上治安和秩序。我这个建议并未得到岛内的反响。我们应注意到，在这种抢劫中，大陆同胞和台湾同胞都是受害者。我们双方有责任一起合作解决这些问题。

　　　　　　　　（《人民日报》海外版 1991 年 4 月 30 日）

唐树备在新闻发布会上指出，
一个中国原则已是两岸的共识，
不应成为事务性商谈困扰

海峡两岸关系协会常务副会长唐树备3月30日指出，"一个中国"已是两岸的共识，所以这个原则不应当成为两岸商谈有关具体事务性问题的困扰。

唐树备说，日前海协与台湾海基会就两岸公证文书使用和两岸开办挂号函件的查询、赔偿业务问题的工作商谈是有成果的，双方在很多方面取得了共识。但由于时间比较短，双方对某些问题的认识还有一些分歧，这是很自然的。我们期待着双方在方便的时候进行进一步的商谈。

他说，双方分歧的关键在"一个中国"的提法上。我们认为，一个国家里是不存在文书使用困难，也不存在挂号函件查询问题的。现在，由于两岸没有统一，有必要就两岸公证文书的使用和两岸开办挂号函件的查询、赔偿业务问题找出一些特别的解决办法。在这点上我们愿意和台湾有关方面积极配合。但是，由于现在两岸没有统一，所以首先应明确我们商谈的或要解决的是一个国家内的事情。众所周知，国共两党都认为只有"一个中国"，台湾方面通过的有关统一的文件也承认只有"一个中国"，"一个中国"既然是双方的共识，为何双方不能本着这个原则来处理两岸具体事务性问题呢？"一个中国"问题，不应成为双方商谈的困扰。

唐树备说，我们并不是要和海基会讨论政治问题，我们只是要确认一个事实，这就是"一个中国"。至于"一个中国"的含义，我们并没有准备，也不打算和海基会讨论。两岸没有统一，但我们是一个国家，这个原则我们是坚定不移的。至于用什么形式来表述这么一个原则，我们愿意讨论。

关于"金门协议"没有写进一个中国原则，这是否可作为今后两岸商谈的模式的问题，唐树备说，"金门协议"是1990年两岸红十字会组织签订的一个协议，涉及两岸私自进入对方地区的人员的遣返等问题。这个"协议"不应成为海协与海基会商订协议时必须遵循或完全应遵循的模式。

近日台湾有关媒体提到：这次海协与海基会的商谈

中，大陆方面一直要求直接接触或官方接触。对此，唐树备表示，毫无疑问，我们主张两岸直接"三通"，双向交流。去年，中共中央台办负责人发表的谈话中建议，"由海峡两岸有关部门和受权团体或人士，尽快商谈实现直接'三通'和双向交流的问题。"根据这个建议，考虑到岛内的实际情况，我们成立了海协这个民间团体。台湾方面也认为海基会是民间团体。所以，海协与海基会之间的接触不是官方接触，那么，我们之间在商谈的基础上所要签订的协议也不是官方接触的结果。

关于大陆记者赴台的问题，唐树备说，这次海基会来京时，海协的先生与海基会的先生非正式地交换了意见。我们感谢海基会的邀请。我们关切大陆记者中的一些共产党员到台湾或在台期间不要受到任何的干扰。海基会的先生告诉我们：要善尽东道主的责任。具体什么时候去，怎么去，还没有讨论。

（《人民日报》海外版 1992 年 4 月 1 日）

唐树备在致陈长文信中提出，
在两会事务性商谈中对一个中国
原则的表述方式，可以充分协商

长文先生大鉴：

先生 7 月 6 日大函及所附寄之《中国时报》7 月 3 日社论悉，并已呈兆国先生阅知。

我会提出在处理海峡两岸交往中产生的具体问题和在有关的事务性商谈中要确立一个中国原则的缘由，先生应已有相当深入的了解。贵我两会处理的具体事务是中国的内部事务，而非两个国家之间的事务，并应在实践中贯彻这一基本认知。至于一个中国的内涵则不是贵我两会讨论的问题。在两会事务性商谈中对一个中国原则的表述方式，可以充分协商。

《中国时报》社论将事务性商谈中确立一个中国原则，推衍到"一国两制"云云，这是该报的理解，我会在事务性商谈中坚持一个中国的原则，并没有包含这层涵义。

　　我对先生关心两岸关系的热忱十分钦佩，希望先生继续为此而不懈努力。我诚挚希望贵我两会能本着互相尊重、不强加于人的态度，实事求是、合情合理地解决一个中国原则的表述问题，争取海峡两岸事务性商谈能有一个好的结果。

　　顺颂

夏安

唐树备

1992 年 7 月 30 日

（《海峡两岸关系协会 1992 年重要文件选编》）

海协负责人就台湾当局关于两岸事务性商谈中"一个中国"涵义的文件发表谈话

新华社北京 8 月 27 日电 本社记者最近就台湾当局对海峡两岸事务性商谈中一个中国原则表述所作的"结论"及其对两岸事务性商谈的影响一事，走访了海峡两岸关系协会负责人。

这位负责人说，我会一再表明，海峡两岸交往中的具体问题是中国的内部事务，应本着一个中国原则协商解决；在事务性商谈中，只要表明坚持一个中国原则的基本态度，可以不讨论"一个中国"的涵义。

这位负责人说，我会提出海峡两岸事务性商谈中应坚持一个中国原则，已经引起台湾同胞的极大关注。8 月 1 日，台湾有关方面就台湾海峡交流基金会与我会商谈事务性协议时有关"一个中国"涵义问题做出的"结论"中，确认"海峡两岸均坚持一个中国之原则"。我会认为，明确这一点，对海峡两岸事务性商谈具有十分重要的意义，它表明，在事务性商谈中应坚持一个中国原则已成为海峡两岸的共识。当然，我会不同意台湾有关方面对"一个中国"涵义的理解。我们主张"和平统一、一国两制"，反对"两个中国"、"一中一台"、"两个对等的政治实体"的立场是一贯的。

这位负责人最后表示，海峡两岸关系协会主张，我会与海峡交流基金会在上述"海峡两岸都坚持一个中国之原则"这一共识的基础上，应迅速恢复并推进事务性商谈，争取积极的成果，以保障两岸同胞的正当权益，并为海峡两岸合作、振兴中华和促进两岸关系的发展，作出更多的贡献。

（《海峡两岸关系协会 1992 年重要文件选编》）

附：台湾"国统会"通过关于"一个中国"的涵义

1992 年 8 月 1 日，台湾"国统会"举行第八次全体委员会议，通过了如下结论：1. 海峡两岸均坚持"一个中国"之原则，但双方所赋予之涵义有所不同。中共当局认为"一个中国"即为中华人民共和国，将来统一以后，台湾将成为其辖下的一个"特别行政区"。我方则认为"一个中国"应指1911年成立迄今之"中华民国"，其主权及于整个中国，但目前之治权，则仅及于台澎金马。台湾固为中国之一部分，但大陆亦为中国之一部分。2.1949年起，中国处于暂时分裂之状态，由两个政治实体，分治海峡两岸，乃为客观之事实，任何谋求统一之主张，不能忽视此一事实之存在。3. "中华民国政府"为求民族之发展、国家之富强与人民之福祉，已订定"国统纲领"，积极谋取共识，开展统一步伐；深盼大陆当局，亦能实事求是，以务实的态度捐弃成见，共同合作，为建立自由民主均富的统一的中国而贡献智慧与力量。

（二）香港会谈及达成共识的情况

海协及海基会就
"海峡两岸公证书使用"
问题在香港进行工作性商谈

中国新闻社北京 11 月 3 日电　今天上午，海峡两岸关系协会负责人电话告知台湾海峡交流基金会：日前，海峡两岸关系协会、中国公证员协会人员与贵会人员就海峡两岸公证书使用问题进行了工作性商谈，同时也就开办海峡两岸挂号函件遗失查询及补偿问题交换了意见。这次工作性商谈，不但在具体业务问题上取得了相当大的进展，取得了不少共识，而且也在海峡两岸事务性商谈中表述一个中国原则的问题上取得了进展。这是有关各方共同努力的结果。

自今年 3 月份北京工作性商谈结束以来，国务院台湾事务办公室及我会负责人曾多次公开表示，在海峡两岸事务性商谈中应表述一个中国原则，但可不涉及"一个中国"的政治涵义，表述方式可以充分讨论，并愿意听取贵会的意见。在这次工作性商谈中，贵会建议采用贵我两会各自口头声明的方式表述一个中国原则。我们经研究后，尊重并接受贵会的建议。口头表述的具体内容，另行协商。

中国新闻社北京 11 月 4 日电　本社记者从海峡两岸关系协会有关方面获悉，海协副秘书长孙亚夫 11 月 3 日已打电话通知海基会秘书长陈荣杰，两会于 10 月 28—30 日在香港进行的"海峡两岸公证书使用"问题的工作性商谈已经结束；建议有关问题的进一步商谈，在北京或台湾、厦门或金门进行，并由两会负责人士在上述四地之一签署有关协议。

据了解，这次在香港进行的工作性商谈取得了很大的进展。今年 3 月份在北京进行的"海峡两岸公证书使用"和"海峡两岸挂号函件遗失查询及补偿"两项工作性商谈中，台湾有关方面故意把海协在事务性商谈中坚持一个中国原则，界定海峡两岸交往中产生的问题是中国事务、而不是国际事务的主张歪曲为"附加政治性议题"；接着海基会单方面终止了商谈。3 月份工作性商谈结束以来，国务院台湾事务办公室和海协负责人多次公开表示，在海峡两岸事务性商谈中应表述一个中国原则，但先不涉及"一个中国"的政治含义，表述方式可以充分讨论协商，这实际上表明，表述方式可以是文字的、也可以是口头的。在此次香港进行的工作性商谈中，海基会代表建议采用各自口头声明的方式表述一个中国原则；11月3日海基会又致函正式通知海协，"以口头声明方式各自表述"。海协充分尊重并接受海基会的建议，由孙亚夫副秘书长电告陈荣杰秘书长，并建议就口头声明的具体内容，进行协商。由此充分反映了海协实事求是，相互尊重，不强加于人的一贯态度和对海峡两岸公证书使用问题达成协议的诚意。

据记者从海协有关方面获悉，3月份北京工作性商谈结束时，海协即根据双方磋商后修改的协议草案文本提交给海基会代表。在香港恢复进行工作性商谈前，海协于9月30日致函海基会，希望对方尽快提出书面修改意见或提出草案，海基会却未予提供。但在这次商谈中，海基会在寄送文书副本方面又提出新的要求。对此，海协认为需要时间进行研究、评估，并要与有关部门协商，这是合情合理的。而海基会却坚持要求在香港达成协议，显然是不切实际的。

早在9月30日和10月16日，海协即已致函海基会，明确说明于10月28日至29日，与海基会在香港进行一次工作性商谈。应海基会的一再要求，海协同意延长半天，就有关问题继续磋商。在商谈中，海协考虑到在香港的商谈取得了很大的进展，但还有一些遗留问题和新的问题需要解决，因此，又于 10 月 29 日与 11 月 2 日函告海基会，建议对商谈结果进行评估后，在北京或台湾、厦门或金门就有关问题进行进一步商谈，并由两会负责人签署协议。看来，是否及早进行这样的商谈，是海峡两岸公证书使用问题取得完全成功的关键，值得密切注视。

（《海峡两岸关系协会 1992 年重要文件选编》）

海协及海基会在香港工作性商谈中就坚持一个中国原则所提表述方案

海协所提表述方案：

1. 海峡两岸文书使用问题，是中国的内部事务。

2. 海峡两岸文书使用问题，是中国的事务。

3. 海峡两岸文书使用问题，是中国的事务。考虑到海峡两岸存在不同制度（或国家尚未完全统一）的现实，这类事务有其特殊性，通过海峡两岸关系协会、中国公证员协会与海峡交流基金会的平等协商，予以妥善解决。

4. 在海峡两岸共同努力谋求国家统一的过程中，双方均坚持一个中国之原则，对两岸公证文书使用（或其他商谈事务）加以妥善解决。

5. 海峡两岸关系协会、中国公证员协会与海峡交流基金会依海峡两岸均坚持一个中国之原则的共识，通过平等协商，妥善解决海峡两岸文书使用问题。

海基会所提表述方案:

1. 双方本着"一个中国,两个政治实体"的原则。

2. 双方本着"谋求一个民主、自由、均富、统一的中国,两岸事务本是中国人的事务"的原则。

3. 鉴于海峡两岸长期处于分裂状态,在两岸共同努力谋求国家统一的过程中,双方咸认为必须就文书查证(或其他商谈事项)加以妥善解决。

4. 双方本着"为谋求一个和平民主统一的中国"的原则。

5. 双方本着"谋求两岸和平民主统一"的原则。

海基会所提口头表述方案:

1. 鉴于中国仍处于暂时分裂之状态,在海峡两岸共同努力谋求国家统一的过程中,由于两岸民间交流日益频繁,为保障两岸人民权益,对于文书查证,应加以妥善解决。

2. 海峡两岸文书查证问题,是两岸中国人间的事务。

3. 在海峡两岸共同努力谋求国家统一的过程中,双方虽均坚持一个中国的原则,但对于一个中国的涵义,认知各有不同。唯鉴于两岸民间交流日益频繁,为保障两岸人民权益,对于文书查证,应加以妥善解决。

海协就海峡两岸公证书
使用问题商谈致函海基会

海峡交流基金会：

　　10月28—30日，我会、中国公证员协会人员与贵会人员就海峡两岸公证书使用问题进行了工作性商谈，同时也就开办海峡两岸挂号函件遗失查询及补偿问题交换了意见。这次工作性商谈，不但在具体业务问题上取得了相当大的进展，而且也在海峡两岸事务性商谈中表述一个中国原则的问题上取得了进展。这是有关各方共同努力的结果。

　　3月份北京工作性商谈结束后，我会一再表明，海峡两岸交往中的具体问题是中国的事务，应本着一个中国原则协商解决；在事务性商谈中，只要表明海峡两岸均坚持一个中国原则的基本态度，可以不讨论"一个中国"的政治含义，在事务性商谈中表述一个中国原则方式可以充分讨论协商，并愿听取贵会及台湾各界的意见。

　　在这次工作性商谈中，贵会代表建议在相互谅解的前提下，采用贵我两会各自口头声明的方式表述一个中国原则，并提出了具体表述内容（见附件），其中明确了海峡两岸均坚持一个中国的原则，这项内容也已于日后见诸台湾报刊。我们注意到，许惠祐先生于11月1日公开发表书面声明，表达了与上述建议一致的态度。11月3日贵会来函正式通知我会，表示已征得台湾有关方面的同意，"以口头声明方式各自表达"。我会充分尊重并接受贵会的建议，并已于11月3日电话告知陈荣杰先生。

为使海峡两岸公证书使用问题商谈早日克尽全功，现将我会拟作口头表述的要点函告贵会：海峡两岸都坚持一个中国的原则，努力谋求国家的统一。但在海峡两岸事务性商谈中，不涉及"一个中国"的政治含义。本此精神，对两岸公证书使用（或其他商谈事务）加以妥善解决。我会建议，在贵我两会约定各自同时口头声明之后，在北京或台湾、厦门或金门继续商谈有关协议草案中某些有分歧的具体业务问题，并由贵我两会负责人签署协议。

海峡两岸关系协会

1992年11月16日

附：海基会于 10 月 30 日下午所提的口头表述方案：

"在海峡两岸共同努力谋求国家统一的过程中，双方虽均坚持一个中国的原则，但对于一个中国的涵义，认知各有不同。唯鉴于两岸民间交流日益频繁，为保障两岸人民权益，对于文书查证，应加以妥善解决。"

(《海峡两岸关系协会 1992 年重要文件选编》)

附一：海基会 11 月 3 日新闻稿

据中共海协会负责人本（三）日透过新华社表示：愿意"尊重并接受"本会日前所提两会各自以口头声明方式表达一个中国原则的建议，但该会亦表示"口头表述的具体内容，则将另行协商"。

本会认为：

一、"文书查证"及"两岸间接挂号信函遗失查询与补偿"问题之事务性商谈，不涉及政治性议题。唯海协会在本次香港商谈中，对一个中国原则一再坚持应有所"表述"，本会经征得主管机关同意，以口头声明方式各自表达，可以接受。至于口头声明的具体内容，我方将根据"国家统一纲领"及国家统一委员会本年八月一日对于"一个中国"涵义所作决议，加以表达。

二、本会希望海协会人员急速返港，继续与本会在港待命人员完成上述两项事务性议题之商谈。

三、本会今（三）日晚间已责成许处长惠祐等续留香港一至二日，作恢复商谈之准备，务期海协会尽速作成决定，并于十一月五日中午以前通知本会。

海峡交流基金会

十一月三日

附二：海基会 12 月 3 日"关于两岸文书查证"等事函

海峡两岸关系协会：

关于"两岸文书查证"商谈等事，十一月十六日及三十日大函均悉。

鉴于"两岸文书查证"及"两岸间接挂号信函查询与补偿"是两岸中国人间的事务，问题悬宕多时，不但影响两岸人民权益，且使人民对于交流产生疑虑，诚属遗憾！顷接贵会上述二函，显示"愿以积极的态度，签署协议"、"使问题获得完全解决"，对此，我方表示欢迎。

我方始终认为：两岸事务性之商谈，应与政治性之议题无关，且两岸对"一个中国"之涵义，认知显有不同。我方为谋求问题之解决，爰建议以口头各自说明。至于口头说明之具体内容，我方已于十一月三日发布之新闻稿中明白表示，将根据"国家统一纲领"及国家统一委员会本年八月一日对于"一个中国"涵义所作决议加以表达。我方此项立场及说明亦迭次阐明，香港地区、大陆地区及台湾地区之媒体，对于双方立场及说明，先后已有充分报道。

　　目前当务之急应在于解决事务性实质问题，我方已依在香港商谈所得初步共识，并充分考虑贵方之意见，整理协议草案，在香港面交贵方商谈代表，贵会对于"两岸文书查证"及"两岸间接挂号信函查询与补偿"二草案若仍有"遗留的分歧"，请速函告，以利我方研究。

　　有关辜董事长与汪会长在新加坡之会谈，我方至为重视。至于会谈之相关事宜，本会当于积极研究后，另函相告。

　　专此　顺致

时祺

海峡交流基金会

十二月三日

海协负责人就两岸公证书
使用的香港工作性商谈发表谈话

新华社北京 11 月 20 日电 本社记者日前就海峡两岸公证书使用问题商谈一事走访了海峡两岸关系协会负责人。这位负责人说，两岸公证书使用的商谈，由于海峡两岸有关方面的共同努力，已经取得了重要进展，还剩下某些分歧。如台湾方面接受海协的建议，及早继续进行海峡两岸公证书使用问题的商谈，共同努力解决剩下的分歧，将有助于这个涉及两岸同胞正当权益的问题很快获得完全解决。

据悉，11 月 16 日，海协为继续推动这一商谈，给台湾的海峡交流基金会发了一份电函。

电函全文是：

"10 月 28 日至 30 日，我会、中国公证员协会人员与贵会人员就海峡两岸公证书使用问题进行了工作性商谈，同时也就开办海峡两岸挂号函件遗失查询及补偿问题交换了意见。这次工作性商谈，不但在具体业务问题上取得了相当大的进展，而且也在海峡两岸事务性商谈中表述一个中国原则的问题上取得了进展，这是有关各方共同努力的结果。

"3月份北京工作商谈结束后，我会一再声明，海峡两岸交往中的具体问题是中国的事务，应本着一个中国原则协商解决；在事务性商谈中，只要表明海峡两岸均坚持一个中国原则的基本态度，可以不讨论'一个中国'的政治含义，在事务性商谈中表述一个中国原则方式可以充分讨论协商，并愿听取贵会及台湾各界的意见。

"在这次工作性商谈中，贵会代表建议在相互谅解的前提下，采用贵我两会各自口头声明的方式表述一个中国原则，并提出了具体表述内容，其中明确了海峡两岸均坚持一个中国的原则，这项内容也已于日后见诸台湾报刊。我们注意到，许惠祐先生于11月1日公开发表书面声明，表示了与上述建议一致的态度。11月3日贵会正式来函表示已征得台湾有关方面的同意，以'口头声明方式各自表达'。我会充分尊重并接受贵会的建议，并已于11月3日电话告知陈荣杰先生。为使海峡两岸公证书使用问题商谈早日克尽全功，现将我会拟作口头表述的要点函告贵会：海峡两岸都坚持一个中国的原则，努力谋求国家的统一。但在海峡两岸事务性商谈中，不涉及'一个中国'的政治含义。本此精神，对两岸公证书使用（或其他商谈事务）加以妥善解决。

"我会建议，在贵我两会约定各自同时口头声明之后，在北京或台湾、厦门或金门继续商谈有关协议草案中某些有分歧的具体业务问题，并由贵我两会负责人签署协议。"

记者同时了解到，10月30日下午，海基会代表提出的拟作为海基会口头声明的内容是："在海峡两岸共同努力谋求国家统一的过程中，双方虽均坚持一个中国的原则，但对于一个中国的涵义，认知各有不同，唯鉴于两岸民间交流日益频繁，为保障两岸人民权益，对于文书查证，应加以妥善解决。"

另据了解，自今年3月份两会在北京进行的工作性商谈以来，海协曾多次公开表示，表述方式可以充分讨论协商，这实际上表明表述方式可以是文字的、也可以是口头的。11月1日，海基会曾发表书面声明，对一个中国原则的表述，"建议在彼此可以接受的范围内，各自以口头方式说明立场"。针对海基会的建议，海协已于11月3日即答复海基会，尊重并接受海基会的这一建议，并提出"口头表述的具体内容，另行协商"。当天深夜，海基会将其对外发表的新闻稿电传海协，稿中第一条中表示："本会经征得主管机关同意，以口头声明方式各自表达，可以接受。"据此，海协在 11 月 16 日的函中，提出了海协拟作口头声明的表述要点。

（《人民日报》海外版 1992 年 11 月 21 日）

三

"九二共识"的历史地位

中共中央台办、国务院台办受权就两岸关系问题发表声明，表示只要台湾当局明确承诺不搞"两国论"，明确承诺坚持"九二共识"，我们愿意授权海协与台湾方面授权的团体或人士接触对话

5月20日，中共中央台湾工作办公室、国务院台湾事务办公室受权就当前两岸关系问题发表声明。全文如下：

今天，台湾当局新领导人发表讲话，其中宣布了对两岸关系的有关政策。这篇讲话提到了不会宣布"台独"，不会推动"两国论入宪"，不会推动"统独公投"，没有废除"国统纲领"与"国统会"的问题；但在接受一个中国原则这个关键问题上采取了回避、模糊的态度。显然，他的"善意和解"是缺乏诚意的。一个中国原则是两岸关系和平稳定发展的基础。台湾当局新领导人既

然表示不搞"台独"，就不应当附加任何条件；就更不应当否认一个中国、台湾是中国一部分的现实，把一个中国说成是"未来"的。是否接受一个中国原则，是检验台湾当局领导人是维护国家主权与领土完整，还是继续顽固推行"台独"分裂政策的试金石。

一个中国具有不可动摇的事实和法理基础。有关台湾的全部事实和法律证明，台湾是中国不可分割的一部分。1895年，日本通过侵华战争，霸占了台湾。1937年，日本发动全面侵华战争，随后又侵略东南亚和亚太地区国家，对这些国家的人民犯下了战争罪行。1943年中美英三国发表的《开罗宣言》指出，日本所窃取于中国之土地，例如东北、台湾、澎湖列岛等，归还中国。1945年中美英苏四国签署的《波茨坦公告》重申："《开罗宣言》之条件必将实施"。1945年，中国人民经过8年浴血奋战，用3500万中华儿女的鲜血和生命，赢得了抗日战争的伟大胜利，中国政府收复台湾、澎湖列岛，重新恢复对台湾行使主权。这是包括台湾同胞在内的全中国人民的胜利，也是全世界人民反法西斯战争的胜利。此后，不论在什么情况下，台湾是中国领土的一部分的地位从来没有改变过。国际社会普遍承认台湾是中国领土的一部分，执行一个中国的政策。在坚持一个中国原则的问题上，我们坚定的立场是绝对不会改变的。

一个中国原则，见之于台湾当局多年来的有关规定和政策文件，不是我们单方面强加给台湾的。长期以来，坚持一个中国原则，是海峡两岸共同的立场，合作的基础。同时我们早已向台湾方面明确提出：在统一之前，在处理两岸关系事务中，特别是在两岸谈判中，坚持一个中国原则，就是坚持世界上只有一个中国，台湾是中国的一部分，中国的主权和领土完整不容分割。在此基础上，平等协商，共议统一。

我们注意到，台湾当局还有人顽固坚持所谓"台湾是主权独立国家"的分裂立场，企图把台湾从中国分割出去。这是分裂国家、危害人民的严重罪行，将不可避免地破坏台湾的社会安定、经济发展，在两岸同胞之间和台湾同胞内部挑起冲突，将危及台湾海峡及亚太地区的和平，损害包括台湾同胞在内的全中国人民的根本利益。台湾问题是中国内战遗留的问题，迄今两岸敌对状态并未结束。如果有人胆敢把台湾从中国分割出去，重新挑起中国的内战，他们必须对此承担历史的罪责。

两岸同胞血脉相连，荣辱与共。祖国大陆同胞不会忘记，台湾同胞为反抗日本占领台湾，牺牲了60多万人的宝贵生命。1945年以来，我们始终不渝地支持台湾同胞反对国民党专制统治的斗争。1947年发生"2·28"事件时，中国共产党公开声明反对国民党反动派镇压台湾同胞。我们充分尊重台湾同胞的生活方式和当家做主、自己管理自己的愿望，努力维护台湾同胞的一切正当权益。我们同台湾分裂势力斗争的实质，绝不是要不要民主、实行哪种制度之争，而是要统一还是要分裂之争。我们呼吁，两岸同胞团结起来，反对"台独"，制止一切分裂中国主权和领土完整的行为，为发展两岸关系、实现祖国统一和民族振兴共同努力。

当前，两岸同胞、海外侨胞和国际社会都期盼两岸关系能够和平稳定地发展。按照"和平统一、一国两制"的基本方针和江泽民主席的八项主张，我们有最大诚意争取和平统一的前景，也有坚决阻止"台独"及一切分裂活动的坚定决心和必要准备。我们继续大力发展两岸经济合作、人员往来和各项交流，以"一个中国、两岸谈判"的方式推动早日实现两岸直接"三通"。我们欢迎台湾各党派、各团体和各界人士来访，就共同反对"台独"、发展两岸关系、推进和平统一进程交换意见，增进共识。

我们重申，在一个中国原则基础上进行对话与谈判，实现双方高层互访。在一个中国原则下，什么问题都可以谈。江泽民主席提出的八项主张早就指出，作为第一步，双方可先就"在一个中国原则下正式结束两岸敌对状态"进行谈判，并达成协议。当前，只要台湾当局明确承诺不搞"两国论"，明确承诺坚持海协与台湾海基会1992年达成的各自以口头方式表述"海峡两岸均坚持一个中国原则"的共识，我们愿意授权海协与台湾方面授权的团体或人士接触对话。

台湾当局新领导人应当审时度势，顺应历史潮流，摒弃分裂主张，走和平统一的光明大道。如果真想谋求两岸关系的和平、稳定、改善和发展，舍此没有第二条路可走。台湾问题不能无限期地拖延下去。任何形式的分裂祖国的图谋和"台湾独立"的道路都是走不通的，都是包括台湾同胞在内的全中国人民绝对不允许的。

（新华社北京 2000 年 5 月 20 日电）

钱其琛在纪念江泽民八项主张发表七周年座谈会上，呼吁在"九二共识"基础上重开海协与台湾海基会的对话与谈判（节录）

大陆与台湾同属一个中国。海峡两岸尽管尚未统一，但双方应积极创造条件，努力缓解矛盾，改善两岸关系，打破政治僵局。1992 年海协与台湾的海基会达成各自以口头方式表述"海峡两岸均坚持一个中国原则"的共识，体现了妥善处理分歧、有效打破僵局的政治智慧。它的重要意义在于：在双方表明坚持一个中国原则态度的前提下，照顾各方利益，以灵活的方式求同存异，建立互信、务实谈判、面向未来。这一来之不易的成果，对于当前的两岸关系仍具有十分重要的意义，应予维护。江泽民主席强调，"在一个中国原则的前提下什么都可以谈，当然也包括台湾当局关心的各种问题"。我们在促进恢复两岸对话与谈判的问题上，有最大的诚意，也有最大的包容性。台湾当局领导人不接受一个中国原则，不承认"九二共识"，这是导致两岸关系陷入僵局的症结，也是造成台海局势难以稳定并可能引发危机的根源。我们多次说过，世界上只有一个中国，大陆和台湾同属一个中国，中国的主权和领土完整不容分割。这是海峡两岸坚持一个中国原则的共同基点。希望台湾当局领导人拿出勇气，面对现实，为了台湾社会的稳定与发展，在承认"九二共识"问题上采取认真的、积极的实际步骤。双方在此基础上重新开启对话与谈判，有利于两岸关系的稳定与发展，这不仅符合两岸同胞的利益和期待，对亚太地区的和平与稳定也是有益的。

两岸双方已先后加入世界贸易组织，这是双方一件大事，也是进一步发展两岸经贸关系的新契机。当前，经济全球化程度不断加深，区域经济合作的趋势更加突出。双方都面临着巨大的发展机遇，也将接受相当程度的挑战。面对共同的机遇与挑战，两岸同胞理应甘苦共尝，相互扶持。去年以来，台湾同胞经受了经济衰退与自然灾害的双重侵袭，我们对此感同身受。我们希望台湾社会安定，经济繁荣，人民安居乐业。进一步发展两岸经济关系，是客观趋势所至，是两岸同胞所愿，是双方利益所在。我们主张不以政治分歧干扰两岸经贸交流。

限制两岸经济合作的人为障碍，应当尽快拆除。两岸经贸问题应该也完全可以在两岸之间解决。实现两岸直接"三通"，势在必行。尽快实现两岸直航，是台湾广大同胞尤其是业者的殷切期望。当前，可由两岸民间行业组织就通航问题进行商谈，达成协议，尽快通起来。为推动两岸经济关系上升到一个新的水平，我们愿意听取台湾各界人士关于建立两岸经济合作机制、密切两岸经济关系的意见和建议。

江泽民主席在八项主张中强调，我们"希望台湾各党派以理性、前瞻和建设性的态度推动两岸关系发展"；"我们欢迎台湾各党派、各界人士，同我们交换有关两岸关系与和平统一的意见，也欢迎他们前来参观、访问"。近年来，尽管台湾政局发生了变化，但我们的这一基本政策没有改变。我们将一如既往地与坚持一个中国原则、主张发展两岸关系的台湾各党派、各界人士加强交往和对话。这种交往和对话，旨在增进两岸同胞的相互了解，有助于营造两岸关系的和缓气氛，有助于台海局势的稳定，从而有利于维护台湾同胞的利益。相反的，以狭隘、僵化和对抗的心态限制交往、拒绝对话，只会加剧两岸对立和紧张，对台湾同胞只有百害，而无一利。民进党应该更多地为台湾人民的福祉着想，彻底抛弃"台独党纲"，以真诚的态度发展两岸关系。我们认为，广大民进党成员与极少数顽固的"台独"分子是有区别的。我们欢迎他们以适当身份前来参观、访问，增进了解。

（新华社北京 2002 年 1 月 28 日电）

唐家璇在纪念汪辜会谈十周年之际呼吁，只要双方在一个中国原则基础上谈起来，议题是开放的，谈判空间是广阔的

　　4月27日是汪辜会谈10周年的日子。回顾历史、总结经验，促进在一个中国原则基础上恢复两岸对话与谈判，对于推动当前两岸关系向着和平统一方向发展，具有重要的现实意义。10年前举行的汪辜会谈，是两岸关系发展史上的重大事件。它标志着海峡两岸关系迈出了历史性的重要一步。这次会谈，首次实现了40多年来两岸受权民间团体的高层会晤，充分体现了两岸同属一个中国的客观事实，集中反映了两岸同胞要接触、要交流、要合作的强烈民族情感和民族认同。这次会谈及其成果，有力地推动了两岸人员往来和经贸文化交流的发展，成功地树立了在一个中国原则基础上进行两岸平等协商的范例，生动地说明了海峡两岸中国人完全可以在一个中

国原则的基础上找到双方平等谈判的适当方式，使得和平谈判得到两岸同胞的认同和支持。汪辜会谈的启示是，两岸之间不管有多大政治分歧，有多少历史恩怨，只要信守一个中国原则，就可以平等谈判，求同存异，累积共识，共同寻求消除分歧、解决问题的良策，携手推进两岸关系的发展。

10年来，两岸关系取得了进展，经历了曲折，无论形势如何变化，我们始终坚持在一个中国原则基础上推动两岸和平谈判。我们的努力持之以恒、从未间断。汪辜会谈后，我们授权海协倡议举行第二次汪辜会谈，并取得了进展。令人遗憾的是，李登辉访美进行制造"两个中国"的分裂活动，使两会原本商定的第二次汪辜会谈被迫中断。我们党的十五大再次郑重呼吁先进行"在一个中国原则下，正式结束两岸敌对状态"的谈判，希望台湾当局及早与我们进行政治谈判。此后，海协邀请辜振甫先生率团来访，实现了汪辜会晤，拉开了两岸政治对话的序幕，达成了包括进行政治、经济等方面对话的四项共识。两会随后就汪道涵会长访问台湾作出了安排，原则商定继续进行政治、经济等多方面的对话。这一意义深远的进展，再次被李登辉公然抛出"两国论"的分裂主张所破坏。2000年3月台湾政局发生重大变化后，我们仍然多次表示只要台湾当局明确承认一个中国原则，两岸对话与谈判即可恢复。但是，台湾当局领导人不仅不承认一个中国原则、否定"九二共识"，而且公然抛出"一边一国"的分裂主张，致使两岸对话与谈判至今无法恢复。

为早日打破两岸政治僵局、开启两岸关系新局面，我们党的十六大充分展现了继续推动两岸对话与谈判的诚意，提出了新主张、新倡议，呼吁在一个中国原则基础上，暂时搁置某些政治争议，尽早恢复两岸对话和谈判；提出了"在一个中国前提下什么问题都可以谈"的三个重大议题。第一，可以谈正式结束两岸敌对状态问题。这是全面发展两岸关系的必经之路，可以为两岸同胞正常交往创造一个良好、安全的环境，满足台湾同胞求和平、求安定、求发展的愿望，并且为双方共同规划两岸关系发展前景创造新的条件。第二，可以谈台湾地区在国际上与其身份相适应的经济文化社会活动空间问题。凡是涉及台湾同胞对外交往中的切身利益问题，都可通过平等协商，积极寻求解决办法，作出适当安排，以增进台湾同胞的福祉，使台湾同胞与大陆同胞共享伟大祖国在国际上的尊严与荣誉。第三，可以谈台湾当局的政治地位问题。只要双方以诚相待，尊重历史、尊重现实，就可能在一个中国的框架内找到共识。我们的主张充分表明，只要双方在一个中国原则基础上谈起来，议题是开放的，谈判空间是广阔的，即使是敏感的政治问题也都可以充分讨论。

10年来，我们党和政府坚持"和平统一、一国两制"的基本方针，贯彻江泽民同志提出的关于现阶段发展两岸关系、推进祖国和平统一进程的八项主张，经受复杂形势的考验，排除各种困难，不断推动两岸关系发展、促进祖国和平统一进程。我们深入贯彻"寄希望于台湾人民"的方针，采取一系列积极务实的措施，有力地推动了两岸经济合作和交流交往的发展，密切了两岸同胞的民族情感，促进了两岸直接"三通"形势的发展。我们旗帜鲜明地坚持一个中国原则，深入开展反对"台独"等分裂图谋的斗争，坚决遏制台湾当局在国际上的分裂活动，反对外国势力干涉台湾问题，巩固了国际社会普遍承认一个中国的大框架，维护了两岸关系大局的稳定。实践证明，任何有利于两岸关系发展、有利于和平统一的努力，都是顺应潮流、合乎民心的；任何违背两岸同胞根本利益的分裂活动和阻碍两岸关系发展的图谋，都是不得人心、不会得逞的。

实现中华民族的伟大复兴，是近代以来中国人民梦寐以求的奋斗目标。中国共产党肩负着实现中华民族伟大复兴的庄严使命，开辟了中华民族伟大复兴的新征程。今天，祖国大陆已经进入全面建设小康社会、加快推进社会主义现代化的新阶段，到处呈现着发展和进步的蓬勃景象，展现出强大的生机与活力。中华民族的伟大复兴已经显现出辉煌的前景。国家的统一，是中华民族振兴和强盛的重要保证。分裂则衰，统一则兴。这是历史和现实告诉我们的一条颠扑不破的真理。振兴中华，必须依靠全民族的团结合作与长期奋斗。海峡两岸中国人，都应该着眼于中华民族的伟大复兴，以维护国家统一、实现民族振兴为己任，认真思考加速发展两岸关系、早日完成祖国统一大业这一重大的历史和时代命题。

在两岸关系发展的重要时期，江泽民同志在十六大报告中宣示了对台工作的指导思想和总体要求，胡锦涛总书记发表了做好新形势下对台工作的四点意见。我们要以邓小平理论和"三个代表"重要思想为指导，在以胡锦涛同志为总书记的党中央领导下，全面贯彻落实十六大精神，继续坚持"和平统一、一国两制"的基本方针和江泽民同志的八项主张，一如既往地推进两岸关系发展与祖国和平统一的进程。

坚持一个中国原则，是发展两岸关系和实现和平统一的基础。我们提出世界上只有一个中国、大陆和台湾同属一个中国、中国的主权和领土完整不容分割，正如胡锦涛总书记所指出的，这是要表明，"中国是两岸同胞的中国，是我们共同的家园"。同时，这也展现了我们推进两岸对话与谈判的诚意。一个中国原则具有不可动摇的事实和法理基础。它不是我们单方面预设的前提条件，也见之于台湾当局多年来的有关规定和政策文件。在一个中国原则基础上，双方交流、互访、谈判，努力实现合作双赢，符合两岸同胞的愿望，也是历史发展的必然趋势。一切有利于发展两岸关系、促进祖国统一进程的主张和努力，我们都欢迎、支持；一切阻碍两岸关系发展、破坏祖国和平统一进程的图谋，我们都坚决反对。

当前，两岸直接"三通"已经出现新的形势。两岸"三通"是经济问题。当前应当通过两岸民间组织进行平等协商，协商中可以不涉及一个中国的政治含义，当然也不能把"三通"说成是"国与国"之间的事情。应以这种灵活务实、简单易行的办法先谈起来，尽早通起来。这既可为实现两岸经济交流与合作拓展更广阔的空间，又可增进互信，累积共识，为今后的对话与谈判创造条件与氛围。

在推进祖国统一大业、实现中华民族伟大复兴的进程中，我们将坚定不移地深入贯彻"寄希望于台湾人民"的方针。我们以最大的诚意、尽最大的努力，争取和平统一的前景，要最大限度地维护台湾同胞的根本利益。在这个世界上，没有谁比我们更希望以和平的方式解决台湾问题。但是，台湾分裂势力一直没有停止"台独"分裂活动，对和平统一的前景构成严重的威胁。当前，这股分裂势力正在进行所谓以公民投票方式改变台湾地位的分裂活动。我们尊重台湾同胞的民主权利。我们注意到，广大台湾同胞对这一分裂行径是不赞成的。我们相信，广大台湾同胞将与我们一道共同制止"公投台独"的分裂行径，共同维护台湾社会和两岸关系的稳定。我们主张按照"一国两制"的构想实现统一，就是要照顾各方利益，充分尊重台湾同胞的生活方式和当家作主的愿望。我们将一如既往地与主张发展两岸关系、反对"台独"的台湾各党派团体和各界人士加强交流与对话。只要不是顽固坚持"台独"的人，我们都愿意与之接触，交换意见。凡是有利于台湾同胞的事，凡是有利于祖国统一的事，凡是有利于中华民族伟大复兴的事，我们都将积极支持、大力推动、努力实现。

中华民族有着维护祖国统一的光荣传统，这是我们中国人千百年来历经磨难而一脉相承的强大力量。两岸同胞团结起来，高举爱国主义的伟大旗帜，同心同德，努力奋斗，为实现祖国的完全统一和中华民族的伟大复兴，做出新的历史性贡献。

（《人民日报》2003 年 4 月 26 日）

汪道涵为纪念汪辜会谈
八周年发表专文：
历史的昭示与未来的抉择

    8 年前举行的汪辜会谈，是 1949 年以来海峡两岸最高层级的会谈，标志着两岸关系进程中历史性的重要一步。8 年来，汪辜会谈及海协与台湾海基会的一系列商谈与对话，成为促进两岸交往、改善两岸关系的重要标志。

    汪辜会谈之所以成功举行，取决于双方以对国家、对民族、对人民的历史责任感，以诚意和善意构建了两会交往与商谈的共同基础，这就是各自以口头方式表述"海峡两岸均坚持一个中国原则"的共识。没有这一共识作基础，双方是不可能坐到一起的。在 1992 年 11 月达成的两会共识中，海基会向海协表示"在海峡两岸共同努力谋求国家统一的过程中，双方虽均坚持一个中国的原则，但对于一个中国的涵义，认知各有不同"。海协向海基会表示"海峡两岸事务性商谈中，不涉及一个中国的政治涵义"。虽然双方对于实现国家统一的一个中国的政治涵义，在看法上有所不同；但对于"海峡两岸均坚持一个中国原则"、"努力谋求国家统一"这个大是大非的问题，态度是一致的；双方承诺的是"海峡两岸均坚持一个中国原则"和"努力谋求国家统一"的态度，暂时搁置的是对一个中国政治涵义的争议；并且愿意在坚持一个中国原则、暂不涉及一个中国政治涵义的情况下，平等协商，共同找出解决问题的办法。这是汪辜会谈能够产生政治互信并建立两岸制度化协商机制的基础。

汪辜会谈的历史性意义，在于它充分体现了海峡两岸同属于一个中国的客观现实。我与辜先生数度握手，凝结的是中国人的民族认同和民族情感，昭示的是两岸虽然尚未统一、但中国的主权和领土完整没有分割。它具体地说明，"海峡两岸均坚持一个中国原则"是双方在长达40多年的时间里共同的态度。在这样的态度下，双方可以以求同存异的精神解决一些政治问题，可以暂时搁置一些政治争议，也可以就政治分歧坦诚地进行对话，这才是两岸中国人平等协商的具体写照。江泽民主席多次指出，"在一个中国的前提下，什么问题都可以谈"。1998年10月，我对辜振甫先生讲的关于坚持一个中国原则的86个字，去年以来钱其琛副总理多次阐述的"世界上只有一个中国，大陆和台湾同属于一个中国，中国的主权和领土完整不容分割"，都是汪辜会谈历史精神的体现。我念兹在兹的，就是一个中国、平等协商、共议统一。

8年的风风雨雨将两岸关系送入新的世纪。在经历了"两国论"的分裂逆流和台湾政局重大演变后，汪辜会谈比以往任何时候都更能昭示它对两岸关系发展的启示意义。当前，两岸同胞强烈要求稳定和改善两岸关系，关心两会何时恢复商谈。我们也同台湾同胞一样，由衷地希望两会尽快在1992年共识的基础上谈起来。但是一年多来，台湾当局新领导人始终不承认一个中国原则，一再否认1992年两会共识。在此情况下，两会对话与商谈难以在汪辜会谈的框架内继续进行。需要指出的是，我们珍视1992年两会共识，并要求在此基础上重开谈判，维护的是汪辜会谈的既有协商基础和丰富成果，没有对两会复谈提出任何新的、超出汪辜会谈之外的要求。而台湾当局一方面表示尊重汪辜会谈、希望重开对话，另一方面却以各种借口否定、歪曲两会共识。他们实际上是给两会重开谈判提出了一个无理要求，即"海峡两岸均坚持一个中国原则"的共识不必承认，两岸商谈不必在"大陆和台湾同属于一个中国"的框架内进行。这种企图改变汪辜会谈和两会商谈基础的做法，给两岸重开谈判设置了严重障碍。这不是什么搁置争议、寻求和解，而是制造麻烦、制造紧张。以什么为基础重开谈判的问题，是关系到是维护中国主权与领土完整、还是搞"台独"分裂的民族大义问题。我相信台湾同胞对此是看得很清楚的。

历史昭示着未来。坚持 1992 年两会共识，以恢复两会协商基础，才能真正接续汪辜会谈开创的对话与商谈机制，才能在相互尊重、平等协商、实事求是、求同存异的精神下，增强互信，积累共识，使两岸关系尽早得以改善和发展。台湾当局如果真有对话的诚意，就应该承认一个中国原则，承认 1992 年两会共识，以实际行动为重开两会对话做出自己的努力。

（《人民日报》海外版 2001 年 4 月 28 日）

汪道涵在海协成立十周年招待会上发表书面讲话指出，在1992年两会共识的基础上重开对话与谈判，仍然是政治僵局能否打破、两岸关系能否改善的关键（节录）

（2001年12月16日）

海协是两岸关系发展的产物，也展开了两岸关系新的一页。1949年后，虽然两岸在一个中国政治含义的看法上存在分歧，但都承认世界上只有一个中国，大陆和台湾同属一个中国，中国的主权和领土完整不能分割。为此，1992年海协与台湾海基会达成共识，各自以口头表述的方式表明"海峡两岸均坚持一个中国原则"和"努力谋求国家统一"的立场与态度。正是在此共识的基础上，我与辜振甫先生于1993年4月举行了具有历史意义的汪辜会谈，推动了两岸关系的发展；海协与海基会开启了制度化的对话与商谈，解决了一些经济性、事务性问题。1998年10月，我与辜先生再度会晤，进行了两岸政治对话。事实说明，两会开展的对话与商谈，是完全平等的，为改善和发展两岸关系发挥重要作用，是符合两岸同胞利益的。

当前，广大台湾同胞希望台湾政局稳定，经济复苏，社会和谐。而这一切离不开一个稳定发展的两岸关系。不管台湾政局如何变化，在1992年两会共识的基础上重开对话与谈判，仍然是政治僵局能否打破、两岸关系能否改善的关键。我们始终抱持极大的诚意，谋求早日恢复两会对话。我们维护1992年两会共识，就是希望两会在既有基础上尽早重开对话。承认不承认1992年两会共识，说到底是承认不承认"大陆与台湾同属于一个中国"的问题。如果台湾当局拒不承认1992年两会共识，就谈不上改善两岸关系的诚意。相反，如果尊重两会商谈的历史，尊重台湾大多数同胞的意愿，真正愿意致力于两岸关系的和平、和谐与合作，就应该承认1992年两会共识。从1999年下半年以来，两岸关系经受蹉跎，两岸同胞的切身利益遭受严重损害，现在应该是尽快在两会共识基础上重开对话的时候了！

进入新世纪，世界经济全球化、区域化的发展趋势日益加深，祖国大陆的经济发展生机勃勃，蔚然挺秀。

两岸经济合作与直接"三通"已成为台湾经济发展的迫切需要。大陆与台湾先后加入世界贸易组织，为两岸经济交流与直接"三通"创造了更为有利的条件。早在第一次汪辜会谈时，我就倡议加强两岸经济合作，携手繁荣民族经济。今天，面对新的机遇和挑战，海峡两岸再也不能失去这宝贵的历史机遇了。双方应以务实的态度，采取民间对民间、行业对行业、公司对公司协商的办法，尽快实现两岸直接"三通"，以造福两岸同胞。

（《海峡两岸关系协会 2001 年重要文件选编》）

汪道涵在纪念汪辜会谈十周年时 指出，两岸对话与谈判是 和平解决问题的唯一途径

10 年前，我和台湾海基会董事长辜振甫先生载负着两岸同胞和海外侨胞的殷切期待，受权在新加坡就加强两岸经济合作、加强海协与海基会联系与合作、协商处理两岸交往中的具体事务性问题等事宜举行会谈，签署了《汪辜会谈共同协议》等四项协议，为推动两岸经贸往来和民间交流的发展创造了积极的气氛。这是 1949 年以后海峡两岸高层人士的首次公开会晤。会谈结束后，江泽民总书记指出："汪辜会谈是成功的，是有成果的，它标志着海峡两岸关系迈出了历史性的重要一步。"

汪辜会谈是在蓬勃发展的两岸经贸往来和民间交流下催生的，集中体现了两岸同胞要接触、要交流、要合作的强烈的民族情感和民族意愿。为此，我代表祖国大陆方面在会谈中就加强两岸经济合作、发展民族共同利益提出了

一系列前瞻性的具体建议，两会第一次将"双方均认为应加强两岸经济交流、互补互利"的重要共识写入协议。记得辜振甫先生在抵达新加坡机场时发表谈话说，"海峡两岸，不仅有地理、历史、文化的溯源，更有血浓于水的民族感情。台湾与整个中华民族的关系是切不断的"。1998年我与辜先生在上海再度会晤，辜先生又真诚地向我表示，"心中没有一个中国，就不会谈统一"。因此，我与辜先生的手握在一起，双方传递的是中国人的民族认同和对民族未来的责任与追求。令我欣慰的是，汪辜会谈10年来，两岸经贸交往、人员往来和各项交流迅猛发展，两岸同胞的相互理解日益加深，共同利益不断增强，汪辜会谈播撒的种子已然开花结果。但令人遗憾的是，李登辉背离一个中国原则、抛出"两国论"分裂主张。而今，台湾当局领导人拒不接受一个中国原则、否定两会1992年达成的各自以口头方式表述"海峡两岸均坚持一个中国原则"的共识，鼓吹"一边一国"，致使两岸谈判的基础屡遭破坏，海协与海基会的对话与商谈几起几落。

尽管台湾当局关闭了恢复协商的大门，我们仍为能够早日重开对话与谈判进行着持续不懈的努力。2000年3月以来，江泽民同志一直呼吁在一个中国原则基础上搁置争议，重开对话与谈判。在中国共产党十六大报告中，再次提出两岸对话与谈判的新主张、新建议。胡锦涛总书记在参加十届全国人大一次会议台湾代表团的审议时，进一步表明了我们的态度。作为汪辜会谈和两岸谈判进程的亲历者，我想就两岸同胞关心的对话与谈判问题，谈谈我的看法。第一，古今中外的历史事实说明，从来不存在所谓没有共同基础和既定目标的对话与谈判。在两岸谈判中，我们坚持一个中国原则，是坚持包括大陆和台湾在内的整个中国。这样的坚持，体现了"大陆和台湾同属一个中国"的客观现实。对于这样的一个中国，绝大多数台湾同胞是完全可以接受的。如果仅仅因为台湾当局更换了领导人和执政党，就单方面推翻双方长期以来的共同基础，甚至要求就大陆和台湾是不是同属一个中国进行讨论，这是没有任何道理的。以什么为基础进行谈判，关系到两岸关系的性质与和平统一的前景。如果不是以"大陆和台湾同属一个中国"的理念和中国人的民族情感做基础，海峡两岸的谈判就失去了改善两岸关系与追求和平统一的意义。

第二，"九二共识"是两岸在具体谈判活动中，为凝聚共同基础而暂时搁置重大分歧的实例。它说明，双方对一个中国政治含义看法上的分歧，并不影响对"大陆和台湾同属一个中国"的认同；也说明，在一个中国原则下，双方完全可以通过平等协商，妥善解决两岸同胞共同关心的问题。"九二共识"是历史事实，包括辜振甫先生在内的台湾方面许多当事人都承认这个共识的存在。只要台湾当局领导人尊重历史、有改善两岸关系的真诚意愿，在"九二共识"的既有基础上重开谈判，不是一件困难的事情。我与辜先生两次会谈，备受两岸同胞和海内外舆论的普遍欢迎，充分反映了两岸同胞希望改善两岸关系、谋求共同发展的强烈愿望。我愿意再次表明，在"九二共识"基础上重开对话，我们没有提出任何其他超出共识范围的要求，并愿意充分尊重台湾方面的意见，继续搁置政治争议，这样，双方的对话与协商就能够得到"双赢"的结果，必将有利于改善两岸关系，有利于亚太地区局势的缓和与稳定。

第三，长期以来，台湾方面关注台湾当局的政治地位和"国际活动空间"等问题。对此，我们一再呼吁双方在一个中国原则基础上，通过政治对话与政治谈判，找到双方都能接受的解决办法。然而，台湾当局一方面回避这样的讨论，另一方面却执意在国际上从事制造"两个中国"、"一中一台"或"台湾独立"的活动，这显然不是解决问题的办法。1998 年 10 月，我与辜振甫先生在上海会晤，双方开始尝试在坦率的气氛中就双方关心的一些政治问题交换意见。为持续推进这样的对话，我也做好了于1999年秋天到台湾访问的准备。如果不是李登辉的蓄意阻挠，很可能双方已经积累起一定程度的共识。中国共产党十六大报告明确提出"三个可以谈"的具体主张，表明我们对台湾方面关心的重大问题的重视。我们一再重申，愿意在一个中国原则的基础上，务实、平等地进行协商，妥善处理台湾方面关心的问题。两岸中国人之间，一切问题都好商量。

21世纪是海峡两岸中国人充满希望的世纪。历经20多年的改革开放，祖国大陆政通人和，经济发展，成就频传，正在全面建设小康社会，加速推进现代化进程。我们对实现和平统一的前景比以往任何时候都更有信心。海峡两岸的问题最终还是要靠两岸中国人自己解决，依恃外力不过是饮鸩止渴。我们希望台湾的当政者能够摈除分裂意识，放弃对抗思维，与我们一起求同存异，走和平对话、直接"三通"、共谋发展、共议统一的道路。海峡两岸的中国人对中华民族的前途负有共同的责任。我们由衷地希望广大台湾同胞从民族辉煌的前景出发，与我们一起共同创造中华民族伟大复兴的美好未来！

（《人民日报》2003年4月26日）

陈云林在海协成立十周年
招待会上发表讲话指出，一个中国原则
是改善与发展两岸关系的重要基础 （节录）

（2001 年 12 月 16 日）

去年 3 月，台湾地区领导人变更，台湾局势的重大变化给两岸关系带来新的复杂影响。但是，这一结果改变不了台湾是中国一部分的地位，改变不了大多数台湾同胞反对"台独"的基本状况，也改变不了国际社会承认一个中国的大框架。一年多来，我们要求台湾当局明确接受一个中国原则，承认 1992 年海协与台湾海基会达成的各自以口头方式表述"海峡两岸均坚持一个中国原则"的共识，以便早日恢复对话与谈判。我们继续促进两岸人员往来和经济、文化交流，推动两岸直接"三通"，主张只要把两岸"三通"看作为一个国家的内部事务，即可以用民间对民间、行业对行业、公司对公司协商的办法，尽快地通起来。我们开展同认同一个中国、坚持1992年两会共识的台湾各党派、团体和各界人士的交流与对话，支持海外侨胞反"独"促统的爱国行动。当前，台湾同胞比以往任何时候都更加强烈地体会到两岸经济合作、直接"三通"同台湾经济发展和自身利益的密切联系，认识到在一个中国原则基础上改善与发展两岸关系攸关台湾的前途和台湾同胞的福祉。同时，两岸同胞也清楚地看到，台湾当局迄今不愿接受一个中国原则，不承认1992年两会共识，致使两岸关系的改善面临着很大的障碍，台湾同胞的利益受到严重损害，两岸关系依然处于紧张状态。必须指出的是，近期以来，台湾极少数分裂分子肆意鼓吹"台独"、"两国论"等分裂国家的论调，对于这些毒化两岸关系、蓄意制造紧张与对抗的破坏因素，两岸同胞要保持高度警惕。

一个中国原则是改善与发展两岸关系的重要基础。坚持一个中国原则，就两岸关系而言，就是坚持世界上只有一个中国，大陆和台湾同属一个中国，中国的主权和领土完整不容分割。我们多次重申只要台湾当局明确承诺不搞"两国论"，明确承诺坚持海协与台湾海基会1992年达成的各自以口头方式表述"海峡两岸均坚持一个中国原则"的共识，我们愿意授权海协与台湾方面授权的团体或人士接触对话。在一个中国原则下，什么问题都可以谈，包括台湾当局关心的各种问题。我们的主张具有很大的包容性，是合情合理的，态度是真诚的。在当前及今后的两岸关系中，双方对话能否恢复、僵持局面能否打破，依然取决于台湾当局对待一个中国原则和1992年两会共识的态度。1992年两会共识是在双方表明坚持一个中国原则态度的前提下，以灵活的方式，求同存异、搁置政治歧见、务实谈判的产物，为台湾各界有识之士所承认和赞同。只要台湾当局明确承认1992年两会共识，海协就可以受权与台湾海基会就两岸关系中的政治、经济等双方关心的问题展开对话与协商。如果台湾当局继续挑战一个中国原则、进一步否定两会共识，甚至策划新的分裂活动，只能毒化两岸关系，制造紧张和对抗，最终损害的是台湾同胞的利益。我们坚持一个中国原则的立场是不可动摇的，推进在一个中国原则基础上恢复两岸对话与谈判的努力是不会改变的。台湾当局应该正视现实，为台湾同胞切身利益着想，迅速作出明智的选择，承认一个中国原则和两会共识。我们对朝着这一方向所作出的一切努力都是欢迎的。无论台湾政局怎样演变，我们都有粉碎任何"台独"分裂图谋的坚定决心和充分准备，也有积极推动两岸关系改善与发展的信心和诚意。我们将继续与认同"大陆和台湾同属一个中国"、坚持1992年两会共识的台湾各党派、团体和各界人士一道，与广大台湾同胞一道，共同反对"台独"，谋求两岸关系的稳定和发展。

（《海峡两岸关系协会2001年重要文件选编》）

陈云林在纪念江泽民八项主张发表八周年座谈会上指出，对话与谈判能否恢复，关键取决于台湾当局对"九二共识"的态度（节录）

（2003年1月24日）

尽快实现两岸直接"三通"，是两岸同胞的迫切愿望，也是我们与台湾主张发展两岸关系的党派、团体和人士的重要共识。当前，台湾同胞正在经历较为严重的经济困难，我们对此深表关切，我们认为，在目前两岸每年300万人次客流量、400多亿美元物流量的情况下，早日实现两岸直接"三通"，有利于降低企业成本、提升企业竞争力，对于这种既能振兴台湾经济，又有利于发展两岸经贸关系，惠及两岸、造福于民的好事，到底对谁有利，凡是不带偏见的人都会得出公正的结论。近来，在两岸民间业者共同促成台湾同胞包机返台过年的过程中，尽管台湾当局有关方面不允许大陆民航业者参与包机业务、不允许包机直航，但我们从台湾同胞的切身利益着想，使台湾同胞包机返乡、欢度春节的愿望得以实现。只要是真正对台湾工商界有利、对台湾同胞有利的事情，我们都愿意务实推动，积极促成。两岸直接"三通"完全可以通过两岸民间行业间的协商办法来解决。

稳定和发展两岸关系，是我们一贯的主张。一切有利于两岸关系稳定和发展的言行，我们都欢迎。但是，台湾当局一会儿表示，两岸"三通"是必走的一条路，要着手协商和推动两岸直航及相关的经贸议题；一会儿又否认两岸"三通"对台湾的好处，大泼冷水，甚至将春节包机、"小三通"与全面、直接"三通"混为一谈。这种朝令夕改的做法，又何以取信于两岸人民。

尽早在一个中国原则基础上恢复两岸对话与谈判，是当前改善两岸关系的关键所在。一个中国原则是不可回避的，也是回避不了的。我们党的十六大创造性地提出了一系列新的重要谈判主张和倡议，进一步展现了我们的诚意和务实精神。对话与谈判能否恢复，关键取决于台湾当局对"九二共识"的态度。1992年海协与台湾海基会达成各自以口头方式表述"海峡两岸均坚持一个中国原则"的共识，构成了两会对话与谈判的既有基础。这是任何人都不能磨灭的历史事实。如果台湾当局领导人真有诚意在既有的基础上共同处理两岸之间更长远的问题，那就应当尊重历史、面对现实，明确承认"九二共识"。只要做到这一点，两会对话与谈判即可随时恢复。近年来，一些台湾政党、团体为促进在"九二共识"基础上恢复两岸对话与谈判，做了许多有益的工作。我们将继续与台湾各党派和各界人士就发展两岸关系、推进和平统一问题广泛交换意见。我们也将一如既往地欢迎除少数顽固"台独"分子以外的广大民进党成员，以适当名义来祖国大陆参观、访问，增进了解。

（《两岸关系》杂志 2003 年第 3 期）

陈云林在纪念汪辜会谈十周年之际呼吁：积极促进两岸对话与谈判，开创两岸关系发展新局面

　　10年前举行的汪辜会谈，标志着海峡两岸关系迈出了历史性的重要一步。两岸受权的高层人士自1949年以后第一次坐在一起，共商两岸关系大计，结束了两岸不接触、不谈判的历史，开启了两岸关系由对峙走向对话、由对立走向合作的新阶段，向全世界展现了海峡两岸结束历史恩怨、超越政治分歧、共同开创未来的前景，海内外中华儿女无不为之感到欣慰和鼓舞。

　　汪辜会谈，建立了两岸制度化协商的机制，启动了经济、科技和文化交流议题的磋商，为解决两岸交往中衍生的具体问题、促进两岸交流与合作开辟了道路，为双方加强合作、共谋发展进行了有益的探索，对促进两岸关系的良性发展具有十分重要的积极意义。

　　汪辜会谈，是海峡两岸在一个中国原则基础上进行

平等协商的一个成功的范例，体现了相互尊重、平等协商、求同存异的精神和前瞻性、建设性的态度。实践表明，两岸的对话协商，是双方加深了解、增进互信的重要方式和途径。虽然这种协商不可能立即消除双方存在的所有分歧，但两岸中国人加强对话交往、不断累积共识，克服政治障碍，积极面向未来，其启示意义是十分深刻的。

汪辜会谈，反映了两岸同胞对于改善和发展两岸关系的共同期待，为推动两岸交流交往创造了良好气氛。这次会谈的成功举行，是两岸经贸往来和民间交流蓬勃发展的必然结果，集中体现了两岸同胞要接触、要交流、要合作的强烈民族情感和共同意愿。需要指出的是，1992年11月海协与台湾海基会达成的"九二共识"，为汪辜会谈的成功举行奠定了重要基础。"九二共识"既确认了双方的共同立场，又搁置了双方的政治分歧，是发挥政治智慧、照顾各方利益的结果。第一，共识的核心和灵魂是"海峡两岸均坚持一个中国原则"。第二，双方有了"海峡两岸均坚持一个中国原则"的态度，可以搁置争议，也可以保留不同意见。第三，体现共识可以采取灵活方便的形式。这样的历史经验和来之不易的成果，值得两岸同胞珍惜与维护。汪辜会谈10年来，我们为推动两岸谈判进程进行了不懈努力。在李登辉 1995 年 6 月赴美进行制造"两个中国"的分裂活动、1999 年 7 月又抛出"两国论"，致使两会对话与交往两度出现重大挫折的情况下，我们始终没有放弃恢复商谈的努力。2000 年 3 月台湾政局发生重大变化后，我们一再呼吁在"九二共识"基础上重开两会对话与协商。但台湾当局不接受一个中国原则，不承认"九二共识"，陈水扁甚至鼓吹所谓"一边一国论"，致使两会商谈迄今难以恢复，两岸政治僵局持续。这是两岸同胞都不愿看到的。

对话与谈判是改善两岸关系、实现和平统一的重要途径。江泽民同志在十六大的报告中就两岸对话与谈判再次提出了重要的主张和倡议，充分体现了不回避任何矛盾的务实态度、愿意平等协商的善意精神，体现了对台湾同胞利益的高度关切和努力维护两岸和平统一前景的历史责任感，为两岸对话与谈判开拓了广阔的空间。当前，只要台湾当局明确承认"九二共识"，中央台办、国务院台办将立即授权海协，恢复与台湾海基会的商谈、对话和正常交往。只要两会联系与会谈制度得以恢复，凡是有利于维护两岸同胞权益，有助于推进两岸交流与合作，有益于两岸关系稳定发展的议题，都可以广泛讨论，平等磋商。

回顾 10 年前的汪辜会谈，当时达成的"双方均认为应加强两岸经济交流、互补互利"的重要共识，至今仍有重要的现实意义。10 年来，世界经济形势发生了很大变化，两岸先后加入了世界贸易组织，两岸同胞也从日益密切的两岸经贸关系中获得了实际的利益。新的形势，更加迫切地要求两岸在经济、科技等领域加强交流、深化合作，共同开创两岸经济互利双赢的新局面。当务之急是尽早实现两岸直接"三通"。"三通"作为经济问题，不应受到政治因素的影响。在两会对话和谈判未能恢复的情况下，可以由两岸民间行业组织协商解决"三通"问题，搁置政治争议，及早达成协议，尽快通起来。台湾当局领导人既然明确表示两岸"三通"是必走的一条路，就应当尽快采取实质性的步骤。

　　汪辜会谈 10 年来，两岸关系跌宕起伏，两岸谈判几经曲折，两岸同胞共同经历了一段不平凡的历史。鉴往知今，两岸同胞更加深切地认识到开展对话与谈判、加强交流与合作，对于改善和发展两岸关系具有至关重要的意义。我们将继续与台湾各党派、各界人士深入交换有关两岸关系与和平统一的意见。我们真诚地希望，两岸共同思考和借鉴汪辜会谈的历史经验，在既有共识的基础上，克服障碍，继往开来，开创两岸关系的新局面。

统一祖国、振兴中华，是两岸中国人的历史使命和共同责任。在以胡锦涛同志为总书记的党中央的领导下，我们将继续坚持"和平统一、一国两制"的基本方针和江泽民同志的八项主张，以最大的诚意、尽最大的努力争取和平统一的前景。我们将更紧密地团结最广大的台湾同胞，共同促进两岸关系稳定发展，共谋两岸同胞福祉，共创中华民族的美好未来。

（《人民日报》海外版 2003 年 4 月 26 日）

李炳才发表专文纪念"九二共识"
十周年：坚持"九二共识"，
早日重开对话

　　刚刚结束的中国共产党第十六次全国代表大会，是祖国大陆在开始实施社会主义现代化建设第三步战略部署的新形势下召开的一次十分重要的会议，在中华民族现代化发展进程中具有重大的历史意义，赢得海峡两岸同胞和海内外舆论的高度评价。江泽民同志在十六大上的报告，是一篇马克思主义纲领性文献，是我们党在新时期新阶段的政治宣言和行动纲领。在十六大报告中，江泽民同志代表中国共产党提出了今后推动两岸关系发展与祖国和平统一进程的指导思想与政策主张。其中，以显著的篇幅阐述了关于两岸对话与谈判的主张，强调开展对话，进行和平统一谈判，是我们的一贯主张；再次呼吁在一个中国原则的基础上，暂时搁置某些政治争议，尽早恢复两岸对话与谈判；指出在一个中国的前提

.

.

.

.

下，什么问题都可以谈，可以谈正式结束两岸敌对状态问题，可以谈台湾地区在国际上与其身份相适应的经济文化社会活动空间问题，也可以谈台湾当局的政治地位等问题。这再次向海内外展示了祖国大陆方面愿意通过对话、谈判解决分歧，争取和平统一的诚意和善意，对于打破两岸政治僵局、重开两岸对话与谈判具有重要的指导意义。

今年11月，恰逢海峡两岸关系协会与台湾的海峡交流基金会达成各自以口头方式表述"海峡两岸均坚持一个中国原则"共识10周年。10年来，两岸关系充满风风雨雨，两会对话与谈判也经历了艰难曲折。特别是2000年3月台湾政局发生重大变化以来，由于台湾当局拒不接受一个中国原则，否认两会"九二共识"，两岸受权民间团体的接触与对话迄今不能恢复，严重地制约了两岸关系的改善和发展。今天，当我们再次面对"九二共识"这座历史坐标时，有必要重温共识所包蕴的丰富内涵及其对两岸关系的重要意义，使两岸同胞特别是台湾各界人士和广大民众，深入理解中国共产党十六大关于两岸对话与谈判的主张，共同努力，推动两岸对话与谈判的早日恢复。

10年前，海协与台湾的海基会开始事务性商谈。根据商谈所处理的海峡两岸交往中具体事务的性质，并充分考虑到双方对一个中国的立场和政策，海协提出应在事务性商谈中表明坚持一个中国原则的态度、不讨论一个中国的政治含义、表述方式可以充分协商的建议。经过1992年3月两会北京工作性商谈、10月香港工作性商谈以及11月3日至12月3日两会函电往来，达成了各自以口头方式表述"海峡两岸均坚持一个中国原则"的共识。双方在各自的口头表述中都表明了"海峡两岸均坚持一个中国原则"和"努力谋求国家统一"的态度，并暂时搁置了对"一个中国"政治含义的争议。10年来，双方在"九二共识"的基础上举行了20多次不同层级的商谈与对话，推动两岸谈判进程由事务性商谈向政治、经济对话迈进。以"九二共识"为基础的两会商谈与对话，受到两岸同胞和海外舆论的高度关注与广泛认同，成为两岸关系发展的象征与标志，"九二共识"也逐步深入人心。

"九二共识"的内容及其达成的过程，体现了妥善处理分歧、有效打破僵局的政治智慧，对于建构商谈基础、建立互信具有多层次的丰富含义。首先，共识的核心和灵魂是双方共同表明了坚持一个中国原则的态度。没有承认一个中国的基础，共识是不会达成的。第二，有了

"海峡两岸均坚持一个中国"的态度，如何达成共识并发挥共识的作用，还必须具有照顾彼此利益的包容胸怀、求同存异的务实态度，以相互尊重、平等协商的精神搁置某些政治争议，包括对一个中国政治含义的不同看法。否则，共识也是难以达成的。第三，达成共识的方式可以是灵活的，可以采取各自口头表述的方式。在"九二共识"中，正是在双方表明坚持一个中国原则态度的基础上，暂不讨论"一个中国"的政治含义，从而面向未来两岸关系的发展，进行务实的对话与谈判。可以说，"九二共识"就是在一个中国原则基础上暂时搁置某些政治争议的典范。

"九二共识"的确立，为10年来两岸谈判的每一次重大进展创造了必要条件。1993年4月，汪道涵会长与辜振甫董事长在新加坡举行会谈，实现了两岸高层人士40多年来的首次会晤，迈出了两岸关系发展中历史性的重要一步。会谈签署的四项协议，推动了两岸经贸往来和民间交流的发展。1998年10月，辜振甫董事长应邀来上海、北京参访，与汪道涵会长再次会晤，达成了四项共识，开启了两岸政治对话的序幕，实现了两岸谈判进程从以事务性商谈为主向广泛对话，包括政治、经济对话的方向发展。10年来的实践说明，坚持"九二共识"，两会商谈与对话就比较顺利，就能够解决两岸关系中的一些问题。坚持"九二共识"，符合广大台湾同胞的利益，符合两岸关系发展的要求。

"九二共识"产生以来，台湾各种分裂势力一直把共识视为他们制造"台独"分裂的紧箍咒。先有李登辉无视共识中"海峡两岸均坚持一个中国原则"的核心内容，公然抛出"两国论"分裂主张，后有台湾当局现任领导人否认"九二共识"，鼓吹"一边一国"。2000年5月以来，台湾各种政治力量对待"九二共识"的态度，成为检验他们是否真正具有改善两岸关系诚意的试金石。从本质上讲，坚持还是否定"九二共识"，实际上是承不承认"大陆和台湾同属一个中国"的问题。祖国大陆方面要求在"九二共识"的基础上重开两会对话，坚持的是两岸谈判的既有基础，维护的是两岸政治互信的纽带，争取的是全面发展两岸关系，创造的是推进两岸和平统一的前景。

需要指出的是，在台湾当局否定"九二共识"、蓄意扩大两岸政治分歧的情况下，祖国大陆方面并没有放弃和台湾同胞一起改善两岸关系的努力。两年多来，海协坚持在"九二共识"基础上重开两会对话与谈判，维护重建两岸互信的纽带，同时受权与认同"九二共识"、反对"台独"的台湾党派、团体和代表性人士开展交流与对话，讨论发展两岸关系、维护两岸同胞权益的办法。随着两岸"三通"新形势的出现，祖国大陆方面从促进两岸关系发展和台湾同胞的实际利益考虑，在两岸对话和谈判难以恢复的情况下，提出只要把两岸"三通"看作是一个国家的内部事务，就可以民间对民间、行业对行业、公司对公司协商的方式尽快通起来的新倡议。我们认为，"三通"是两岸间的事，是经济问题，商谈中可以不涉及一个中国的政治含义，但也绝不能把两岸"三通"说成是"国与国"之间的"三通"，采取"国与国"之间的做法处理。只要台湾当局有诚意，不以政治因素影响和干扰"三通"，完全可以通过民间行业组织的技术性、业务性磋商，对达成的共识采取各自确认的办法，使用两岸注册的船舶和飞机，进港时挂公司旗或标志旗，尽快通起来。

在一个中国原则基础上，尽早恢复两岸对话与谈判，全面改善两岸关系，符合两岸同胞的利益，是两岸同胞的共同愿望。江泽民同志在中国共产党第十六次全国代表大会报告中再次展现了我们推动两岸对话与谈判的极大诚意和善意。我们希望台湾当局认真回应我们的建议和主张，务实承认在"九二共识"中曾经作出的"海峡两岸均坚持一个中国原则"的郑重承诺，在此基础上求同存异，重开对话和谈判。海协将深入贯彻中国共产党第十六次全国代表大会精神，坚持"和平统一、一国两制"的基本方针和江泽民主席提出的现阶段发展两岸关系、推进祖国和平统一进程的八项主张，继续与认同"九二共识"的台湾各党派、各界人士一道，克服困难，排除干扰，为推动两会对话的恢复和两岸关系发展做出新的努力。

（《两岸关系》杂志 2002 年第 12 期）

李亚飞在香港《文汇报》举办的
两岸关系研讨会上的发言：
坚持一个中国原则方能恢复对话

台湾当局新领导人当选以来，两岸同胞和国际社会普遍关心的一个问题，就是自去年李登辉"两国论"蓄意破坏的两岸关系有没有可能走向改善。然而时至今日，台湾当局新领导人并没有对接受一个中国原则做出明确表态，在 5 月 20 日发表的讲话中，尽管使用了大量貌似温和的词语，但对改善两岸关系缺乏应有的诚意。

中共中央台办、国务院台办受权迅速发表了声明。既针对台湾当局新领导人讲话中涉及的两岸政策作出评估，更对当前及今后整个两岸关系问题表明态度立场，并提出具体建议。这是台湾地区选举结束以来，祖国大陆方面对两岸关系发展问题首次全面、具体的阐述，有原则问题的坚持，也有灵活务实的建议。我们传达的信息是积极的、明确的，我们的诚意和善意是充分的，具体可感的。

今后两岸关系怎么发展？我个人提出一些看法，就教于各位。

一、台湾当局新领导人必须向明确接受一个中国原则的方向作出实际努力。

越早明确表达接受一个中国原则的态度，两岸关系就越早步入改善与发展的坦途；反之，两岸关系仍将持续处在僵局和动荡之中。这一点，对于台湾的社会安定和经济发展，对于台湾当局的执政地位都是至关重要的，台湾当局新领导人应该慎思利害。如果以为对一个中国原则采取回避、模糊的态度就可蒙混过关，是绝对不可能的。

什么是检验台湾当局新领导人在两岸关系问题上"和解"、"合作"、"和平"的"善意"？一个过去主张"台独"的人，今天表示不会宣布"台独"，只不过是无法抗拒客观大势的体现，远远谈不上"善意"。要真正证明不搞"台独"，最基本的一点就是要务实地承认一个中国原则，承认台湾是中国的一部分。只有明确表明这个态度，才算得上是一种"善意"。这是因为：

首先，1949年以来的50年中，海峡两岸尽管对一个中国的政治涵义存在分歧，但都坚持一个中国原则，即坚持世界上只有一个中国、台湾是中国的一部分、中国的主权和领土完整不能分割。一个中国原则是两岸共同的立场、合作的基础。正是在这样的立场和基础上，两岸关系由军事对峙走向缓和，各项交流交往蓬勃发展，两岸对话与谈判得以开启并取得一定成效。一个中国原则不仅体现在祖国大陆方面的一贯态度中，也见之于台湾当局"国统纲领"中"只有一个中国"、"大陆与台湾均是中国的领土"、"在一个中国的原则下，以和平方式解决一切争端"、"促成国家的统一，应是中国人共同的责任"等政策宣示中。台湾当局新领导人既然表示"没有废除国统纲领的问题"，表示要"在既有基础上"处理两岸关系、不制造新的麻烦，就应当清楚地表明接受并坚持一个中国原则的态度。如果继续回避，则非不能也，是不为也；如果借口双方对一个中国政治涵义认知不同，就否认台湾是中国的一部分，否认过去"海峡两岸均坚持一个中国原则"的承诺，就把一个中国原则议题化，甚至说成是"未来的"，单方面篡改两岸互信的基础，怎么能称得上有善意和诚意呢？

第二，大陆方面坚持一个中国原则的态度是灵活务实，求同存异的。我们一再向台湾方面指出，在统一之前，在处理两岸关系事务中，特别是在两岸谈判中，坚持一个中国原则，就是坚持世界上只有一个中国，台湾是中国的一部分，中国的主权和领土完整不能分割。在此基础上，平等协商，共议统一。在一个中国原则基础上平等协商，不以中央对地方的名义进行谈判，只要坚持一个中国的原则，什么问题都可以谈，可以求同存异，可以让步。如果台湾当局不是蓄意搞分裂和"台独"，在维护中国主权与领土完整的意义上表明坚持一个中国原则的态度，并非难事。

第三，李登辉从当政后期起，逐步背离一个中国原则，推行分裂路线，直到提出"两国论"，企图割裂中国主权与领土完整，引发两岸关系的紧张和冲突。因而要回归两岸关系和平稳定发展的基本面，就理所应当地回归坚持一个中国原则的互信状态与共同基础。台湾当局新领导人既然表示不推动"两国论入宪"，台湾当局有关人士也表示今后不再提"两国论"，就应该真正地、彻底地抛弃已被事实证明是制造麻烦的李登辉路线，从根本上奠定两岸关系改善与发展的格局。相反，如果口头上讲不提"两国论"，实际上却以李登辉政治遗产的继承者自居，甚至变本加厉，在"台独"分裂道路上走得更远，其结果必然是给两岸关系制造出层出不穷的麻烦，并最终带来不利于台湾同胞的结局。综上所述，台湾当局新领导人只有明确表明坚持一个中国原则的态度，两岸关系才能从根本上出现"柳暗花明"的转机。

二、两岸对话谈判必须在一个中国原则的基础上进行，维护两会达成的各自以口头方式表述"海峡两岸均坚持一个中国原则"的共识，是实现双方接触的起点。

世界上只有一个中国、台湾是中国的一部分是客观事实，两岸的接触商谈一直在这个事实基础上进行。企图推翻这个基础，再进行谈判，实际上就是企图否认两岸事务是中国内部的特殊事务，就是企图谈出一个永久分裂的两岸关系定位、谈出两个国家，达到从根本上否定台湾是中国一部分的目的。这样的用意才是预设分裂与"台独"的前提，是蓄意为谈判设置障碍。这是以维护统一为职志的祖国大陆方面决不能允许的。

日前，中央台办、国务院台办受权发表的声明中已就恢复两岸接触与对话问题提出明确、具体的建议。我个人认为，台湾当局如果有诚意明确接受海协与海基会1992年达成的各自以口头方式表述"海峡两岸均坚持一个中国原则"的共识，就应该做到如下几点：

第一，"两国论"同两会共识是完全背道而驰的，是对两会共识的极大伤害，台湾当局不仅在口头上、而且在行动上必须首先明确承诺不搞"两国论"。

第二，台湾当局必须按照当年海基会提交给海协的第八案表述，重申"海峡两岸均坚持一个中国原则"和"共同努力谋求国家统一"的基本态度。与此相关的，台湾方面应停止对两会共识的歪曲，停止用种种分裂主张去"解释"两会共识的做法。

这里，有必要进一步澄清当年两会共识的情况。1992年11月，两会以各自口头声明的方式达成了"海峡两岸均坚持一个中国原则"的共识。当时海协的表述是："海峡两岸均坚持一个中国的原则，努力谋求国家统一。但在海峡两岸事务性商谈中，不涉及一个中国的政治涵义"；海基会的表述是："在海峡两岸共同努力谋求国家统一的过程中，双方虽均坚持一个中国的原则，但对于一个中国的涵义，认知各有不同"。在各自的表述中，海协与海基会明确向对方承诺坚持一个中国的原则，谋求国家统一。至于"一个中国"的政治涵义，海基会表示"双方认知不同"，海协表示在事务性商谈中先不讨论。因此双方是在表明"海峡两岸均坚持一个中国原则"、"共同努力谋求国家统一"的基本态度上达成了共识，而不是就一个中国的政治涵义达成"各说各话"的谅解。除了上面海基会提供的表述外，后来海基会又发表了一个"声明稿"，"声明稿"强调依循"国统纲领"、"国统会结论"。而在上述两个文件中，台湾当局都明确表示"海峡两岸均坚持一个中国原则"、"共同努力谋求国家统一"、"台湾和大陆都是中国的领土"。由此说明，尽管双方对一个中国涵义没有共识，但双方确以各自表述的方式，在表明坚持一个中国原则的态度上有共识。由于当时无法达成书面协议，两会共识采取了各自用口头方式表述的办法，但在内容上却不是完全的各说各话，而是以前述两段具有同一性的具体文字为各自表述的内容，是有限定的。因此，不表明"海峡两岸均坚持一个中国原则"的基本态度，而笼统地讲"一个中国、各自表述"，是不能准确概括两会共识精神的。近日，当年向海协人员口述台方表述内容的海基会的某位负责人士，却在台湾新领导人讲话后，信口说什么当年的共识就是"各说各话"，"没有共识"。这当然不符合历史事实。

两会共识对于当前两岸关系的最大启示是：在统一之前，双方虽然对一个中国政治涵义的理解存在差异，但并不妨碍双方对于一个中国原则的坚持。台湾当局有没有改善两岸关系的善意和诚意，就看他们的具体行动了。

（香港《文汇报》2000年6月1日）

海协人士驳斥台当局欺骗言论，指出协商谈判要有基础和目标

海峡两岸关系协会有关人士今天驳斥了台湾当局有关人士关于两岸商谈的欺骗性言论。

近日，台湾当局和台湾有关方面负责人士对外频频制造舆论，宣称"已做好准备与大陆复谈"，"我们的位子及待客的茶皆已准备好，就等对方坐下来展开对话"。对此，海峡两岸关系协会有关人士向记者表示，这完全是台湾当局欺骗舆论的伎俩。

海协人士表示，世界上只有一个中国，大陆和台湾同属一个中国，中国的主权和领土完整不容分割。海峡两岸的商谈与对话理应在一个中国原则的基础上进行。1992 年，海协与台湾的海基会在有关方面的授权下，就两会商谈中表明"海峡两岸均坚持一个中国原则"的态度达成共识，并在此基础上建立了两岸制度化的协商管道。令人遗憾的是，台湾当局至今对一个中国原则仍然采取模糊和回避的态度，否定两会共识，完全破坏了 10

年来两会商谈的基础和构架。事实证明，造成目前两岸政治僵局和无法重开对话的责任，完全在台湾当局和"台独"势力。

这位海协人士表示，古今中外的历史事实说明，任何协商与谈判都不可能没有基础和目标。台湾当局所谓"不预设任何立场和结论"，不过是精心伪装的否定一个中国原则和1992年两会共识的说辞。他们坚持"不可能接受以一个中国作为复谈的预设前提"的顽固立场，暴露了其真实用心是要以两岸分裂和台湾"独立"作为两岸对话的"立场和结论"。这种毫无诚意和善意的论调，欺骗不了两岸同胞和国际舆论。

海协人士强调，我们在一个中国原则基础上推动两岸对话的主张和诚意是一贯的。台湾当局如果真有重开对话的诚意，就应该尽快明确承诺坚持1992年两会达成的各自以口头方式表述"海峡两岸均坚持一个中国原则"的共识，真正回到以两会共识为基础的制度化协商机制上来。

（新华社北京2001年2月23日电）

尊重历史才能彰显诚信

1月24日，钱其琛副总理在江泽民主席《为促进祖国统一大业的完成而继续奋斗》重要讲话发表7周年座谈会上的讲话，再次就在"九二共识"基础上重开海协与台湾海基会的对话与谈判，向台湾方面发出积极呼吁。钱副总理指出，1992年海协与台湾海基会达成各自以口头方式表述"海峡两岸均坚持一个中国原则"的共识，体现了妥善处理分歧、有效打破僵局的政治智慧。这一得来不易的成果，对于当前的两岸关系仍具有十分重要的意义，应予维护。

钱副总理的讲话，展现了祖国大陆方面促进恢复两岸对话与谈判的诚意。两岸同胞希望台湾当局在承认"九二共识"的问题上采取认真的、积极的实际步骤。

众所周知，台湾当局领导人上台以来，不接受一个中国原则、不承认"九二共识"，致使两岸对话与协商无法恢复。这是两岸关系陷入僵局的症结，是造成台海局势难以稳定并可能引发危机的根源，为重开两岸对话与谈判制造了新的矛盾和麻烦。最近，在中美关系进一步改善、台湾同胞强烈期盼两岸关系出现新气象、新局面的压力面前，台湾当局继续变换手法，施放烟幕，抛出所谓协商"两岸对九二会谈过程与结果解读的争议"，企图将"九二共识"议题化，并把海协与台湾海基会不能重开对话的责任推给祖国大陆方面。这再一次说明，台湾当局通过否定"九二共识"阻挠恢复两岸谈判的用心始终没有改变。

1992年11月，海协与台湾海基会经过两岸有关方面分别正式授权，达成了各自以口头方式表述"海峡两岸均坚持一个中国原则"的共识。这一不容否认的事实，已由两岸有关方面披露和公布的文件作了清楚、明确的历史性证明。1992年10月香港商谈中，海基会受权正式向海协提出"在海峡两岸共同努力谋求国家统一的过程中，双方虽均坚持一个中国的原则，但对一个中国的涵义，认知各有不同"的表述方案。同年11月3日该会发表并函复海协的新闻稿记录了"两会各自以口头声明方式表达一个中国原则"。1993年8月12日台湾海基会出版的《"汪辜会谈"纪要》，也记载了海基会在两会同意以各自采用口头方式表述对一个中国原则的态度后，才积极考虑举行"汪辜会谈"。两会达成"九二共识"事实俱在，是任何人都否定和歪曲不了的。

　　台湾当局新领导人上台后，是否坚持"九二共识"，成为两会能否重开对话与谈判的关键。祖国大陆方面坚持在"九二共识"的基础上重开对话，旨在维护两岸谈判的既有基础和健康发展的方向，是合情合理的。因为自台湾问题产生以来至李登辉背弃一个中国原则的几十年间，尽管台湾当局与我们对一个中国政治含义的看法存在分歧，但他们承认一个中国、台湾是中国领土的一部分、海峡两岸是一个国家。"九二共识"中，双方表明了"海峡两岸均坚持一个中国原则"和"努力谋求国家统一"的态度，正表明了这一客观事实。需要特别指出的是，在台湾当局新领导人上台之前，两会之间从来不存在对是否达成"九二共识"的争议问题。台湾当局新领导人上台后，拒不接受一个中国原则，才一手制造了所谓"九二会谈过程与结果解读的争议"。他们在围绕蓄意推翻"九二共识"这一既有协商基础上抛出的一大堆所谓"和谈建议"，不是什么善意与诚意的表现，而是对所谓"台湾是主权独立国家"分裂立场的顽固的、僵硬的坚持。他们否定历史、违背承诺、破坏互信，不过是处心积虑地想把两岸谈判置于"两国论"和"台独"的基础之上，这是绝对不可能得逞的。

祖国大陆方面确立"和平统一、一国两制"的基本方针以来，无论两岸关系形势处在何种状况，一直为推进两岸和平谈判进程进行着不懈的努力。从两岸事务性商谈的滥觞，到"汪辜会谈"的促成，从协商两岸经济合作的倡议，到两岸政治对话的开启，无一不是祖国大陆方面主动倡导和两岸同胞共同积极推动的结果。两年前，台湾政局发生重大变化时，江泽民主席就明确重申："台湾不管谁当权，我们都欢迎他来大陆谈，同时，我们也可以到台湾去。但是，对话谈判要有个基础，就是首先必须承认一个中国的原则。在此前提下，什么都可以谈。"中共中央台办受权发表声明，表示"只要台湾当局明确承诺不搞'两国论'，承诺坚持海协与海基会1992年达成的各自以口头方式表述'海峡两岸均坚持一个中国原则'的共识，我们愿意授权海协与台湾方面授权的团体和人士接触对话"。在台湾当局一再阻挠在"九二共识"基础上恢复两会对话的情况下，海协和祖国大陆有关方面始终维护既有共识，以便两会能够早日重开对话。与此相反，台湾当局却拼命否定一个中国原则和"九二共识"，鼓吹所谓"国际场合谈判"，使两岸协商的既有进程脱轨。那么，究竟谁有务实谈判的诚意，两岸同胞和国际社会看得很清楚。

改善和发展两岸关系，是两岸同胞的共同利益所在。海峡两岸尽管存在分歧，但双方应积极创造条件，努力缓解矛盾，打破政治僵局。"九二共识"的重要意义，就是在双方表明坚持一个中国原则态度的前提下，照顾各方利益，以灵活的方式求同存异，建立互信，务实谈判，面向未来。对于台湾当局来说，尊重历史才能彰显诚信。在"九二共识"基础上重开对话，对促进两岸关系的稳定和改善有利，对台湾的经济发展和社会安定有利。台湾当局领导人应该在此问题上采取实际步骤。

作者：海协研究部

（《人民日报》2002 年 4 月 27 日）

将"九二共识"议题化
就是拒绝重开两岸对话

1月24日,钱其琛副总理在江泽民主席《为促进祖国统一大业的完成而继续奋斗》重要讲话发表7周年座谈会上的讲话发表后,海峡两岸同胞都希望台湾当局做出务实回应,特别是在承认"九二共识"上采取具体、实际的步骤,以便早日重开海协与台湾海基会的对话与谈判,打破两岸政治僵局。但令人遗憾的是,台湾当局依然坚持歪曲和否定"九二共识"的顽固立场,并开始玩弄将"九二共识"议题化的新花样。台湾当局领导人声称"愿意派遣相关人员访问大陆,就'九二会谈'过程与结果解读的争议与中共广泛交换意见"。这与其上台之初以来多次声称的"一个中国是可以讨论的议题,而不是前提"的说法如出一辙,再一次暴露了台湾当局企图通过将"九二共识"议题化来达到拒不承认一个中国原则,并从而达到阻挠恢复两会对话与谈判的用心。

众所周知,台湾当局领导人上台以来,一直否认、歪曲 1992 年海协与台湾海基会达成的各自以口头方式表述"海峡两岸均坚持一个中国原则"的共识。为此,在不到两年的时间里,台湾当局领导人处心积虑,变换说词,用尽手段。在赤裸裸地否定、攻击"九二共识"的手段失效之后,又提出了所谓"对'九二会谈'结果解读进行讨论"。换句话说,台湾当局仍然不愿意承认"九二共识"的客观事实,并混淆问题的性质。通过讨论有没有"九二共识",将其否定"九二共识"的立场强加给大陆方面。

然而,台湾当局不高明的手段,丝毫不能改变 1992 年两会达成共识的历史和事实。1992 年 10 月至 12 月,海协与海基会通过香港工作性商谈和其后一系列函电往来,达成了各自以口头方式表述"海峡两岸均坚持一个中国原则"的共识。海协的表述是"海峡两岸均坚持一个中国原则,努力谋求国家统一,但在两岸事务性商谈中,不涉及一个中国的政治含义";海基会的表述是"在海峡两岸共同谋求国家统一的过程中,双方虽均坚持一个中国的原则,但对一个中国的涵义,认知各有不同"。海基会在自己的表述中,明确承诺了"海峡两岸均坚持一个中国原则"和"努力谋求国家统一"的态度。这白纸黑字地记录在海基会 1992 年 11 月 3 日的新闻稿、海协

11月16日的函件、海基会12月3日的函件中。当年参与处理两会商谈事宜的台湾方面当事人，绝大多数都站出来指证"九二共识"的存在，讲明了达成共识的过程。海基会董事长辜振甫先生透过台湾媒体，对台湾当局某些人否定"九二共识"的做法，表示持"保留"态度，并提醒台湾当局及其领导人要"重视九二共识的意义"。

以上均有案可查，不容否认，根本不存在"讨论和解读"有没有"九二共识"的问题。"九二共识"自达成以来，一直是两会对话与商谈的基础。台湾当局提出"对'九二会谈'结果的解读进行讨论"，无非是通过制造新的争议，达到否定两会商谈既有基础的目的，这与他们拒不接受"大陆与台湾同属一个中国"的分裂立场，是一脉相承的。说明他们挂在嘴上的所谓"愿意和平对话"的"诚意与善意"，完全是欺人之谈。台湾当局企图单方面否定历史事实、改变商谈基础的做法，只能加深两岸分歧，加剧两岸僵局，与台湾同胞要求改善两岸关系的愿望是背道而驰的。

祖国大陆方面一贯主张通过和平谈判发展两岸关系、实现祖国统一。我们坚定地维护"九二共识"，不仅是维护两岸谈判的既有基础，更是维护走向两岸和平、合作和最终统一的正确道路和未来远景。我们奉劝台湾当局，不要错估国际大势和两岸关系形势，不要违逆台湾同胞求和平、求安定、求发展的真正民意，停止歪曲和否定"九二共识"的行动，及早按照当年台湾当局和海基会承诺表明"海峡两岸均坚持一个中国原则"的态度，为早日重开两会对话与谈判拿出实际的行动。

作者：海协研究部

（《人民日报》海外版 2002 年 4 月 29 日）